AF550126

Das Kochbuch

Alexander Herrmann

Eine kulinarische Entdeckungsreise

Das Kochbuch

Mit Foodfotografien von Sandra Eckhardt

LIEBE LESERINNEN, LIEBE LESER!

Auch in diesem Jahr war ich auf der Suche nach besonderen Lebensmitteln und dem guten Geschmack wieder viel für die BR-Sendung »Aufgegabelt« in meiner bayerischen Heimat unterwegs. Dabei durfte ich nicht nur wahnsinnig interessante Menschen kennenlernen, sondern auch etwas Bleibendes schaffen: Das erste begleitende Kochbuch zur Sendung, das neben den neuesten Rezepten zur 10. Staffel (!) auch einige meiner absoluten Lieblingsrezepte aus vorherigen Sendungen enthält.

»Aufgegabelt« ist für mich eine ganz besondere Sendung, denn sie bedient einen großen Teil meiner persönlichen DNA – die Neugierde. Und genau die hat mich zu Landwirten und Produzenten geführt, die tagtäglich ihre ganze Leidenschaft der Produktion von Lebensmitteln widmen. Diese Menschen beeindrucken mich, denn sie haben alle eines gemeinsam: die Liebe zum Anbau ihrer Pflanzen, zur Aufzucht ihrer Tiere und zur Pflege ihrer Erzeugnisse. Und genau das schmeckt man dann auch.

Was ich bei meiner Reise quer durch Bayern »aufgegabelt« habe, hat mich zu kulinarischen Kreationen inspiriert, die ich für euch in diesem Kochbuch zusammengetragen habe. Dabei stand ich so manches Mal vor echten Herausforderungen, denn mit einigen Produkten habe ich vorher noch nie gearbeitet … mit Lindenblättern zum Beispiel. Aber genau darum geht es ja bei »Aufgegabelt« – um neue Erfahrungen und die Erweiterung des persönlichen Horizonts. Darum freue ich mich immer sehr, wenn ich durch die Sendung neue Impulse bekomme und diese in der Studioküche gleich umsetzen kann.

Wer mich kennt, der weiß: Ideen gehen mir dabei eigentlich nie aus, und am liebsten interpretiere ich Altbekanntes neu. Leberkäse bekommt beispielsweise einen ganz anderen Stellenwert, wenn man ihn zur Praline veredelt. Und mit Klassikern wie Hühnerfrikassee gehe ich zwar *back to the roots* à la Paul Bocuse, aber das mit einem raffinierten Knusper-Twist.

Lasst euch also überraschen und kommt mit auf meine kulinarische Entdeckungsreise! Denn »Aufgegabelt« ist mehr als Kochen, es ist der wahre Genuss.

Euer

Alexander Herrmann

INHALT

REZEPTE

VORSPEISEN 8

SALATE & BROTZEIT 34

VEGETARISCHE HAUPTGERICHTE 60

HAUPTGERICHTE MIT FISCH 86

HAUPTGERICHTE MIT GEFLÜGEL 102

HAUPTGERICHTE MIT FLEISCH 116

SÜSSES & DESSERTS 150

PRODUKTE

Bete & Mini-Gurken 32

Microgreens, Salat & Verjus 58

Spargel & Zuckerschoten 84

Pilze, Wildkräuter & Lindenblätter 100

Mozzarella, Grillkäse & Leberkäse 114

Perlhuhn, Lamm & Bullen 148

Emmer, Khorasan & Müsli 170

Aufgegabelt – Kreuz und quer durch Bayern 172

Register 174

Impressum 176

VORSPEISEN

TIPP
Wenn ihr große Strudelblätter verwendet, nur ein Blatt bestreichen, mittig falten und »zusammenkleben«.

Entenröllchen
mit falschem Blaukraut

Für 3–4 Personen

½ Weißkohl
2 rote Zwiebeln
Pflanzenöl
1–2 EL Holunderbeerkonfitüre
500 ml Gemüsebrühe
500 ml Holunderbeersaft
Salz
1 Zimtstange
1 Gewürznelke
3 Lorbeerblätter
150 g geräuchertes Entenbrustfilet, dünn aufgeschnitten
4 EL saure Sahne (Sauerrahm)
1 rotschaliger Apfel
1 TL Mélange Noir (geschroteter schwarzer Pfeffer)
2–3 EL Semmelbrösel
50 g Butter
4–8 Strudelteigblätter (aus dem Kühlregal)
250 g Butterschmalz
2 EL Speisestärke
etwas Bio-Orangenabrieb

1. Für das Kraut vom Weißkohl die äußeren Blätter und den harten Strunk entfernen, das Kraut in feine Streifen schneiden. Zwiebeln schälen, halbieren, in feine Streifen schneiden und in einem Topf in wenig Öl glasig anschwitzen. Weißkohl dazugeben und kurz anschwitzen. Holunderbeerkonfitüre unterrühren, alles mit Brühe und Holundersaft auffüllen. Mit 1 Prise Salz würzen, Zimt, Nelke und Lorbeer dazugeben und alles offen bei mittlerer Hitze etwa 15 Minuten etwas einkochen.

2. Währenddessen die Entenbrust klein würfeln und mit 1 EL Sauerrahm verrühren. Apfel waschen, vierteln, entkernen, klein würfeln und zur Entenbrust geben. Die Masse mit Salz und Mélange Noir abschmecken und die Semmelbrösel unterrühren, damit sie bindet.

3. Für die Röllchen die Butter in einem kleinen Topf schmelzen. Je ein Strudelteigblatt ausbreiten, mit flüssiger Butter bestreichen und ein weiteres Blatt Strudelteig darauflegen. Jeweils ein Viertel der Enten-Apfel-Masse länglich auf das Strudelblatt setzen und wie eine Frühlingsrolle aufrollen, dabei darauf achten, dass diese gut verschlossen ist. Das Butterschmalz in einer großen Pfanne erhitzen und die Röllchen darin erst auf der Naht, dann rundum goldbraun ausbacken. Herausnehmen und auf Küchenpapier abtropfen lassen.

4. Zum Servieren das Blaukraut mit der in kaltem Wasser angerührten Speisestärke leicht sämig abbinden und in tiefen Tellern anrichten, restlichen Sauerrahm darübertupfen und mit Mélange Noir und Orangenabrieb bestreuen. Die Entenröllchen daraufsetzen.

Dreierlei Bete

mit Mascarpone und Frisée

Für 2–3 Personen

1–2 Rote Bete
1–2 Gelbe Bete
Salz
100 ml Olivenöl
500 g grobes Salz für die Form
2 Schalotten
gemahlener Kreuzkümmel
100 ml gereifter Balsamico-Essig
Currypulver
Abrieb und Saft von 1 Bio-Zitrone
2 EL flüssiger Honig
1 Ringelbete (Tonda di Chioggia)
½ Bund Petersilie
250 g Mascarpone
1 Schuss Milch
Mélange Noir (geschroteter schwarzer Pfeffer)
einige Blätter feiner Friséesalat

1. Den Backofen auf 160 °C (Umluft) vorheizen. Rote und Gelbe Bete putzen, mit der Gemüsebürste gründlich waschen und trocken tupfen. Dann jeweils mit 1 Prise Salz und 1 Schuss Olivenöl in Alufolie wickeln, in eine mit dem groben Salz gefüllte Auflaufform setzen und im Ofen auf der mittleren Schiene etwa 3 Stunden garen. Anschließend herausnehmen und etwas abkühlen lassen, dann die Bete auswickeln, schälen (Achtung, sie färben stark ab!) und separat in Spalten schneiden.

2. Währenddessen die Schalotten schälen, fein würfeln und in einem kleinen Topf in 1 Schuss Olivenöl glasig anschwitzen. Mit 1 kleinen Prise Kreuzkümmel würzen und die Roten Bete dazugeben. Alles kurz durchschwenken und mit 1 kleinen Schuss Essig und 1 Prise Salz abschmecken. Vom Herd nehmen.

3. Die Gelben Bete in einem weiteren Topf in 1 Schuss Olivenöl bei mittlerer Hitze anschwenken, mit 1 Prise Curry bestäuben und mit Abrieb und Saft der Zitrone sowie Honig abschmecken. Vom Herd nehmen.

4. Zuletzt die Chioggia-Ringelbete putzen, schälen und auf der Gemüsereibe 1–2 mm dünn hobeln (Achtung, sie färbt stark ab!). Die Betescheiben in einer Schüssel in eiskaltem, leicht gesalzenem Wasser etwa 5 Minuten einlegen. Anschließend herausnehmen, trocken tupfen, von der Mitte einmal einschneiden und jede Scheibe zu einem kleinen Kegel aufdrehen.

5. Petersilie waschen, trocken tupfen und möglichst fein hacken. Mascarpone mit Milch und übrigem Olivenöl glatt verrühren, mit Salz und 1 Prise Mélange Noir würzen, die Petersilie unterheben.

6. Zum Servieren den Frisée putzen, in die einzelnen Blätter teilen, waschen und trocken schleudern. Die Mascarponecreme auf Tellern ausstreichen, Rote und Gelbe Bete sowie Chioggia-Bete-Kegel daraufsetzen und mit Frisée garnieren.

TIPP
Vor allem die Rote Bete färbt stark ab. Arbeitet daher am besten mit Einweghand-schuhen!

TIPP
Das Einritzen der Entenhaut ist oft etwas tricky – am besten geht's tatsächlich mit einem Skalpell.

Knusprige Entenbrust
mit Mohn-Pfeffer-Butter

Für 3–4 Personen

2 Barbarie-Entenbrustfilets (mit Haut)
Salz
3–4 Petersilienwurzeln
50 g Butterschmalz
1 EL brauner Zucker
100 ml Weißwein
2 Stängel Petersilie, fein gehackt
50 g Butter
3–4 EL Mohn
Mélange Noir (geschroteter schwarzer Pfeffer)
etwas Bio-Orangenabrieb
200 g Crème fraîche
Abrieb und Saft von 1 Bio-Zitrone
Meersalz (z. B. Fleur de sel)

1. Den Backofen auf 100 °C (Ober-/Unterhitze) vorheizen. Die Filets waschen und trocken tupfen, die Haut mit einem scharfen Messer vorsichtig rautenförmig einritzen. Dann mit Salz würzen und auf der Hautseite in eine noch kalte, beschichtete Pfanne legen. Die Herdplatte auf höchste Stufe einschalten und das Fett aus der Entenhaut langsam ausbraten. Sobald die Haut knusprig braun gebraten ist, die Entenbrüste wenden und auf der Fleischseite kurz anbraten. Anschließend aus der Pfanne nehmen und auf dem Ofenrost mit einem Backblech darunter auf der Fleischseite im Ofen noch etwa 30 Minuten rosa (Kerntemperatur ca. 60 °C) garen. Die Pfanne mit dem Entenfett beiseitestellen.

2. Inzwischen die Petersilienwurzeln putzen, schälen und je nach Größe längs vierteln oder sechsteln. In einer großen beschichteten Pfanne im Butterschmalz bei mittlerer Hitze rundum anbraten, salzen. Mit braunem Zucker bestreuen und leicht karamellisieren. Den Weißwein dazugießen und etwas einkochen, die Pfanne vom Herd nehmen. Die Petersilie unterschwenken.

3. Die Butter zum ausgebratenen Entenfett in die Pfanne geben und alles bei mittlerer Hitze aufschäumen. Mohn und etwas Mélange Noir dazugeben und bei mittlerer Hitze langsam ausbraten. Sobald der Mohn knusprig ist, die Pfanne vom Herd nehmen und die Mohnbutter mit etwas Orangenabrieb abschmecken.

4. Die Entenbrüste aus dem Ofen nehmen und kurz ruhen lassen. Dann nochmals in einer beschichteten Pfanne ohne Fett auf der Hautseite knusprig braten. Anschließend wenden, aus der Pfanne nehmen, erneut kurz ruhen lassen und längs halbieren.

5. Zum Servieren die Crème fraîche mit Zitronenabrieb und -saft sowie Salz verrühren und auf Teller verteilen, die Petersilienwurzeln darauf anrichten. Die längs aufgeschnittenen Entenbrüste daraufsetzen, mit 1 Prise Meersalz bestreuen und mit der Mohnbutter beträufeln.

Gegrillte Mini-Gurke
mit geräuchertem Stör und Joghurt

Für 2–3 Personen

2–3 Mini-Gurken
Meersalz (z. B. Fleur de sel)
100 ml Sonnenblumenöl
½ Bund Dill
1 Meerrettichwurzel (50 g)
400 g geräuchertes Störfilet
50 ml Gin
1 Bund Petersilie
Abrieb und Saft
von 1 Bio-Zitrone
½ kleine rote Chili
200 g Joghurt

1. Die Gurken putzen, waschen und quer in daumendicke Scheiben schneiden. Die Scheiben von beiden Seiten großzügig mit Salz bestreuen, auf ein Ofengitter über einem Backblech legen und den entstehenden Saft abtropfen lassen. Zum Servieren die Gurkenscheiben trocken tupfen, mit etwas Öl bestreichen und in einer heißen Grillpfanne auf jeder Seite stark grillen.

2. Für den Fisch den Dill waschen, trocken tupfen und fein hacken. Den Meerrettich schälen. Den geräucherten Stör vorsichtig häuten und in etwa 2 cm große Würfel schneiden. In einer Auflaufform oder Schüssel verteilen, mit Gin beträufeln, mit Dill bestreuen und den Meerrettich frisch darüberreiben.

3. Für das Kräuteröl die Petersilie waschen, trocken tupfen und mit dem Zitronenabrieb in den Mörser geben. Die Chili längs halbieren, putzen, waschen und möglichst fein hacken. Chili und 1 große Prise Meersalz zur Petersilie hinzufügen und alles fein zerreiben. Danach das restliche Öl dazugeben und alles nochmals kräftig verreiben.

4. Den Joghurt mit einigen Spritzern Zitronensaft und 1 Prise Salz abschmecken. Dann alles in einem hohen Rührbecher mit dem Pürierstab aufschäumen.

5. Zum Servieren den Joghurtschaum auf kleine Schalen verteilen. Jede Portion großzügig mit etwas Kräuteröl beträufeln und jeweils 1 Scheibe gegrillte Gurke und ein Stück Stör samt Topping darauf anrichten.

TIPP

Anstelle von geräuchertem Stör eignet sich für dieses Gericht auch geräucherter Heilbutt.

Gegrillte Melone
mit geräucherter Entenbrust

Für 4 Personen

200 g Haselnusskerne
2 EL Puderzucker
Quatre-épices (Pastetengewürz)
½ Wassermelone
2 Eigelb (Größe M)
1 Ei (Größe M)
1 EL mittelscharfer Senf
Salz
100 ml Haselnussöl
100 ml Rapsöl
Abrieb und Saft von 1 Bio-Limette
Zucker
frisch gemahlener schwarzer Pfeffer
100 g feiner Friséesalat
200 g geräuchertes Entenbrustfilet, dünn aufgeschnitten

1. Die Haselnüsse in einer Auflaufform verteilen und im Backofen bei 160 °C (Umluft) 12–15 Minuten rösten. Herausnehmen und abkühlen lassen.

2. Den Puderzucker mit 1 Schuss Wasser in einer großen Pfanne unter Rühren erhitzen. Die Nüsse hinzufügen, mit 1 großen Prise Quatre-épices bestäuben und unter Rühren so lange einkochen, bis sich eine weiße Schicht um die Haselnüsse gebildet hat. Dann die Nüsse sofort auf ein mit Backpapier ausgelegtes Backblech geben, vorsichtig separieren und abkühlen lassen.

3. Inzwischen die Melone schälen und mit einem Sägemesser in große Spalten (z. B. Zwölftel) schneiden. Die Spalten nebeneinander in eine große Pfanne ohne Fett legen und darin bei starker Hitze auf beiden Seiten rösten. Vom Herd nehmen.

4. Für die Mayonnaise Eigelbe, Ei, Senf, 1 Prise Salz sowie beide Öle in einen hohen Rührbecher geben und mit dem Pürierstab bei voller Geschwindigkeit langsam zu einer cremigen Mayonnaise aufmixen, dabei den Pürierstab immer wieder von unten nach oben ziehen. Mit Limettenabrieb und -saft, 1 Prise Zucker, Pfeffer und ggf. nochmals etwas Salz abschmecken.

5. Vom Friséesalat die äußeren Blätter entfernen. Den Salat in die einzelnen Blätter teilen, waschen, trocken schleudern und in mundgerechte Stücke zupfen.

6. Zum Servieren jeweils eine Melonenspalte auf einen Teller legen, die Haselnussmayonnaise großzügig daneben verstreichen und einige Scheiben Entenbrust darauf anrichten. Mit Friséesalat und karamellisierten Haselnüssen garnieren.

TIPP
Stellt den Hefeteig
zum Gehen
abgedeckt in den
auf etwa 30 °C
vorgeheizten
Backofen.

Herzhafte Krapfen

mit Hüttenkäse, Tomaten und Rosmarin

Für 10–12 Krapfen

Für die Krapfen:

¼ Würfel Hefe (10 g)
Zucker
125 ml lauwarmes Wasser
250 g Mehl
Salz
reichlich Pflanzenöl (oder Butterschmalz) zum Frittieren

Für die Füllung:

3–4 Strauchtomaten
2 Zweige Rosmarin
70 ml Olivenöl
200 g Hüttenkäse (körniger Frischkäse)
100 ml Milch
Salz
frisch gemahlener schwarzer Pfeffer

1. Für die Krapfen die Hefe grob zerbröseln, dann mit 1 Prise Zucker und etwas lauwarmem Wasser verrühren und abgedeckt kurz stehen lassen, damit die Hefebakterien aktiv werden können.

2. Anschließend den Vorteig mit dem Mehl in einer Rührschüssel mit dem restlichen lauwarmen Wasser und 10 g Salz mit den Knethaken des Handrührgeräts zu einem glatten Teig verkneten. Den Teig abgedeckt an einem warmen Ort etwa 30 Minuten gehen lassen.

3. Danach den Teig nochmals kurz durchkneten, zu kleinen Teiglingen (à ca. 30 g) formen und etwas flach drücken oder ausrollen. Die Krapfen in einer Pfanne in reichlich Pflanzenöl bei mittlerer Hitze (150–160 °C) frittieren (der Hefeteig bläht sich dabei zu kleinen »Luftkissen« auf). Anschließend die Krapfen herausnehmen und auf Küchenpapier abtropfen lassen.

4. Die Tomaten mit dem Flambierbrenner rundum abflämmen und anschließend die Haut mit einem kleinen Messer abziehen. Die Tomaten in kleine Würfel schneiden, dabei Stielansätze und Kerne entfernen. Den Rosmarin waschen, trocken tupfen und die Nadeln abzupfen. Den Rosmarin in einem kleinen Topf in 50 ml Olivenöl knusprig frittieren, herausnehmen und auf Küchenpapier abtropfen lassen.

5. Den Hüttenkäse in einer Schüssel mit der Milch »abwaschen«, in ein Sieb abgießen und gut abtropfen lassen. Den Hüttenkäse mit Salz und Pfeffer würzen, Tomatenwürfel und Rosmarinnadeln dazugeben und das übrige Olivenöl unterrühren.

6. Zum Servieren die Krapfen quer halbieren und mit dem herzhaften Hüttenkäse-Mix-füllen.

Gebackene Wachteleier
mit Orangen und Lachs

Für 2 Personen

---

300 g Lachsfilet
(ohne Haut und Gräten;
am besten Sushi-Qualität)
Meersalz (z. B. Fleur de sel)
100 g geraspelter Meerrettich
1 Bio-Orange
200 g saure Sahne (Sauerrahm)
Saft von 1 Zitrone
frisch gemahlener schwarzer
Pfeffer
8 Wachteleier
60 g Mehl
60 g Semmelbrösel
1 Ei (Größe M)
200 g Butterschmalz
4 Stängel Kerbel
1 Schuss Rapsöl

1. Den Lachs waschen und trocken tupfen, dann in 8 Sashimi-ähnliche Tranchen (à 0,5–1 cm Dicke) schneiden und nebeneinander in eine Auflaufform legen. Mit Meersalz würzen, mit reichlich frisch geriebenem Meerrettich bestreuen und etwa 10 Minuten ziehen lassen.

2. Inzwischen die Orange heiß waschen, abtrocknen und die Schale fein abreiben. Dann die Orange vollständig schälen und filetieren (s. S. 71), den dabei austretenden Saft in einer kleinen Schüssel auffangen und den Rest der Orange gut ausdrücken. Die saure Sahne mit Orangenabrieb und einigen Spritzern Zitronensaft dazugeben und die Orangencreme mit Salz und Pfeffer würzen.

3. Die Wachteleier in kochendem Wasser 2 Minuten garen, sofort herausnehmen und in Eiswasser kalt abschrecken. Das Mehl und die Semmelbrösel jeweils in tiefe Teller geben. Das Ei in einem weiteren tiefen Teller verquirlen. Die Wachteleier pellen, erst im Mehl wenden, dann durch das verquirlte Ei ziehen und zuletzt in den Semmelbröseln panieren. In einem kleinen Topf im heißen Butterschmalz rundum goldbraun ausbacken. Herausnehmen und auf Küchenpapier abtropfen lassen.

4. Zum Servieren den Kerbel waschen, trocken tupfen und die Blätter abzupfen. Die Orangencreme auf Tellern ausstreichen, die Lachs-Tranchen jeweils zu kleinen Nestern aufrollen und dazusetzen (4 pro Teller), mit Rapsöl beträufeln. Die Orangenfilets dazwischen verteilen, die gebackenen Wachteleier in die »Lachs-Nester« setzen und alles mit Kerbel garnieren.

TIPP
Statt Lachs eignet sich vor allem Saiblings- oder auch Forellenfilet.

TIPP
Die Artischocken
könnt ihr statt in
Zitronenwasser
auch in Wasser mit
etwas Knödelweiß
frisch halten.

Artischockengröstl
mit Kartoffeln und Oliven

Für 2 Personen

300 g kleine Kartoffeln (z. B. Drillinge, Bamberger Hörnla, La Ratte)
Salz
1 Zweig Rosmarin
Olivenöl
2 EL Butter
Meersalz (z. B. Fleur de sel)
frisch gemahlener schwarzer Pfeffer
6 Artischocken
reichlich Zitronenwasser zum Einlegen
2 Schalotten
2 Knoblauchzehen
1 Bio-Zitrone
2 EL schwarze Oliven, entsteint
1 Bund Rucola

1. Die Kartoffeln mit der Gemüsebürste gründlich waschen, samt Schale halbieren und in einem Topf in Salzwasser bei mittlerer Hitze etwa 15 Minuten weich garen. Dann abgießen und gut ausdampfen lassen. Rosmarin waschen, trocken tupfen und die Nadeln abzupfen. Die Kartoffelhälften auf den Schnittflächen in einer großen beschichteten Pfanne in wenig Öl bei mittlerer Hitze anbraten. Rosmarin und 1 EL Butter dazugeben, aufschäumen, gut durchschwenken, mit Salz und Pfeffer würzen und vom Herd nehmen.

2. Von den Artischocken jeweils den Stiel bis auf 2–3 cm sowie die harten Blattspitzen im oberen Teil abtrennen. Die verbliebenen Blätter rund um den Artischockenboden abschneiden und den restlichen Stiel eventuell schälen. Das »Heu« mit einem Teelöffel oder Kugelausstecher entfernen und die Artischockenböden in Zitronenwasser legen, damit sie sich nicht bräunlich verfärben.

3. Die Schalotten schälen und in dünne Spalten schneiden. Den Knoblauch schälen und halbieren. Die Zitrone heiß waschen, abtrocken und quer halbieren. Die Artischockenböden je nach Größe vierteln oder sechsteln, trocken tupfen und in einer Pfanne in etwas Olivenöl hellbraun braten. Schalotten und Knoblauch dazugeben und die Zitronenhälften auf den Schnittflächen mit in der Pfanne anbraten, mit Salz und Pfeffer würzen. Zuletzt die Oliven dazugeben, alles nochmals gut durchschwenken und vom Herd nehmen.

4. Zum Servieren den Rucola verlesen, waschen, trocken schleudern und mit 1 Schuss Olivenöl und 1 Prise Salz marinieren. Kartoffeln und Gröstl auf Tellern anrichten, mit Rucola bestreuen und je eine halbe »Schmorzitrone« dazusetzen.

Tatar vom Rinderfilet
mit Whiskey mariniert

Für 3–4 Personen

Für das Tatar:

500 g feines Rinderfilet
Salz
frisch gemahlener schwarzer Pfeffer
1 TL Paprikapulver geräuchert
2 sehr frische (!) Eigelb (Größe M)
1 Schuss Whisky

Für die Rösti:

2–3 mehligkochende Kartoffeln
4 Zweige Thymian
2 Stängel Petersilie
Salz
3–4 EL Butterschmalz

Außerdem:

1 Gurke
Salz
1 weiße Zwiebel
100 g Mehl
100 g Speisestärke
150 g Butterschmalz
100 g griechischer Joghurt (10 % Fett)

1. Das Rinderfilet in 2–3 mm kleine Würfel (Tatar) schneiden und mit Salz, Pfeffer und Paprikapulver kräftig würzen. Die Eigelbe unterheben und alles mit einem Schuss Whisky abrunden.

2. Für die Rösti die Kartoffeln schälen, waschen und auf der Gemüsereibe grob raspeln. Thymian und Petersilie waschen, trocken tupfen, Thymianblättchen abzupfen und beides fein hacken, dann mit 1 großen Prise Salz unter die Rösti-Masse mischen. Aus der Masse in einer Pfanne im Butterschmalz mehrere kleine Rösti auf beiden Seiten goldbraun ausbraten, herausnehmen und auf Küchenpapier abtropfen lassen.

3. Die Gurke schälen, längs halbieren und das Kerngehäuse entfernen, die Gurke in kleine Würfel schneiden und mit etwas Salz würzen.

4. Die Zwiebel schälen und in möglichst feine Ringe schneiden. Mehl und Stärke in einem tiefen Teller mischen. Die Zwiebelringe darin gründlich wenden, dann etwas abklopfen und in einer Pfanne im Butterschmalz schwimmend frittieren. Herausnehmen und auf Küchenpapier abtropfen lassen.

5. Zum Servieren den Joghurt mit 1 Prise Salz in einem hohen Rührbecher mit dem Pürierstab aufschäumen. Die Rösti auf Tellern anrichten, die Gurkenwürfel darauf verteilen und je eine große Nocke Tatar daraufsetzen. Die Röstzwiebeln darauflegen und alles mit dem Joghurtschaum beträufeln.

TIPP
Abwechslung gewünscht? Diese Zubereitung liebe ich auch mit Kalbsfilet!

Lauwarmes Carpaccio
vom Schwein mit Honigmarinade

Für 2 Personen

1 Schweinefilet (ca. 400 g)
Meersalz (z. B. Fleur de sel)
2 EL Butterschmalz
4 EL Butter
frisch geriebene Muskatnuss
½ Bund Schnittlauch
Saft von 1 Zitrone
2 EL flüssiger Honig
Chiliflocken
4 EL mittelscharfer Senf
3 EL Rapsöl
1 Schuss Kürbiskernöl
1 Bund Rucola
1 Stück frischer Meerrettich (2 cm)

1. Das Schweinefilet quer in 2–3 cm dicke Medaillons schneiden. Jedes Medaillon auf einer Seite bis zur Mitte gleichmäßig rautenförmig einschneiden und rundum mit Salz würzen.

2. Das Butterschmalz in einer großen beschichteten Pfanne erhitzen und die Schweinemedaillons auf der nicht eingeschnittenen Seite darin kräftig anbraten. Anschließend die Butter dazugeben und aufschäumen, die Medaillons großzügig mit Muskat würzen und mehrfach mit der schäumenden Butter übergießen, aber nicht wenden. Dann die Pfanne vom Herd nehmen und die Medaillons zugedeckt in der Nachhitze der Pfanne garziehen lassen.

3. Inzwischen für die Marinade den Schnittlauch waschen, trocken tupfen und in feine Röllchen schneiden. Den Zitronensaft durch ein Sieb in einen kleinen Topf passieren und so lange erwärmen, bis er zu dampfen beginnt. Den Honig dazugeben und unterrühren, alles jeweils mit 1 Prise Salz und Chiliflocken würzen. Zuletzt den Schnittlauch in den warmen Zitronenhonig einrühren und die Pfanne vom Herd nehmen. Die Schweinemedaillons in die lauwarme Honigmarinade setzen und damit mehrfach übergießen.

4. Für die Creme den Senf mit 2 EL Rapsöl und dem Kürbiskernöl in einer kleinen Schüssel glatt verrühren. Den Rucola verlesen, waschen und trocken schleudern. Dann in einer Schüssel mit übrigem Rapsöl marinieren und mit frisch geriebenem Meerrettich würzen. Nach Belieben mit Salz abschmecken.

5. Zum Servieren die Senfcreme auf Tellern etwas ausstreichen, die Schweinemedaillons samt Marinade daraufsetzen und den Rucolasalat darauf verteilen.

Garnelen-Kartoffel-Suppe
mit Gewürzmilchschaum

Für 2 Personen

Für die Suppe:
1 Sellerieknolle
2 Karotten
2 Zwiebeln
2 Frühlingszwiebeln
2 Stängel Petersilie
2 Stängel Liebstöckel
Schalen von etwa 12 Garnelen
Pflanzenöl
1 kleine Dose Tomatenmark (ca. 70 g)
200 ml Weißwein
1 Dose Schältomaten (ca. 400 g)
1 l Gemüsebrühe
2–3 mehligkochende Kartoffeln
2 EL süßer Senf
gemahlener Safran
Salz

Für den Gewürzmilchschaum:
½ TL Kümmelsamen
½ TL Fenchelsamen
1 TL Pfefferkörner
1 TL Wacholderbeeren, leicht angedrückt
½ TL Korianderkörner
250 ml Milch
1 Lorbeerblatt
Salz

1. Für die Suppe Sellerie, Karotten, Zwiebeln und Frühlingszwiebeln putzen, schälen bzw. waschen und in kleine Stücke schneiden. Petersilie und Liebstöckel waschen und trocken tupfen.

2. Die Garnelenschalen in einem Topf in etwas Pflanzenöl unter Wenden anrösten. Das Wurzelgemüse dazugeben und mit anrösten. Das Tomatenmark hinzufügen und kurz mitrösten, alles gut verrühren und mit Weißwein ablöschen. Den Wein kurz einkochen, dann die Tomaten und die Kräuter dazugeben, alles mit Brühe auffüllen und zugedeckt bei mittlerer Hitze etwa 30 Minuten köcheln lassen.

3. Anschließend den Sud durch ein feines Sieb in einen weiteren Topf passieren, Gemüse, Kräuter und Garnelenschalen entfernen. Den Sud aufkochen und die geschälten Kartoffeln (zur Bindung) auf der Gemüsereibe hineinreiben. Die Suppe noch kurz weiterkochen, dann einmal mit dem Pürierstab durchmixen und mit süßem Senf, 1 Prise Safran und Salz abschmecken.

4. Währenddessen für den Gewürzmilchschaum Kümmel, Fenchel, Pfeffer, Wacholder und Koriander in einem Topf so lange leicht rösten, bis die Gewürze anfangen zu duften. Dann mit der Milch ablöschen, den Lorbeer dazugeben und alles mit Salz abschmecken. Die Gewürzmilch vom Herd nehmen und noch kurz ziehen lassen, anschließend durch ein Sieb passieren, die Gewürze wieder entfernen. Die Gewürzmilch in einem hohen Rührbecher mit dem Pürierstab aufschäumen.

5. Zum Servieren die Garnelen-Kartoffel-Suppe in Gläsern oder Schalen anrichten und jeweils etwas Gewürzmilchschaum daraufsetzen.

TIPP
Falls ihr einmal Garnelen selbst schält, hebt am besten die Schalen auf – zum Beispiel für diese Suppe.

Bete & Mini-Gurken

Mit dreierlei bunten Beten fällt mir die Auswahl schwer, deshalb mache ich gleich ein Bete-Festival daraus. Und die kleinen grünen Gurken mit ihrem Knack werden einfach mal gegrillt. Lasst euch von meinen kreativen Ideen für feine Vorspeisen überraschen!

BETE

Rote Bete hat wohl fast jede oder jeder schon mal auf dem Einkaufszettel gehabt. Aber kennt ihr auch Ringelbete und Gelbe Bete? Diese drei baut der Bio-Landbauer Peter Zenker im Erdinger Moos an, der mir in seinem Kühlkeller mehr über die verschiedenen Beten (er sagt »Rana« dazu) erzählt. Geerntet werden alle drei Sorten von August bis November. Lagert man die Beten dann kühl mit noch etwas Erde daran, trocknen sie nicht aus und bleiben bis zum nächsten April frisch.

Farbenspiel Am häufigsten in der Küche verwendet wird sicherlich die Rote Bete, die sich durch ihren erdigen Geschmack auszeichnet. Am schönsten finde ich aber die Ringelbete. Sie stammt aus Italien, nämlich aus Chioggia in Venetien, und heißt deshalb auch Tonda di Chioggia. Die Ringelbete ist feiner und eleganter im Geschmack als die Rote Bete und sollte deshalb nicht gekocht werden. Dann würden die rot-weißen Ringel zu einem Rosa zerlaufen und das schöne Muster wäre dahin. Am besten man verarbeitet die Ringelbete roh zu Carpaccio oder Salat. Die Gelbe Bete ist von den dreien geschmacklich am wenigsten intensiv, sie schmeckt milder und süßlicher, weshalb sie für Peter Zenker die ideale Einstiegs-Bete – besonders für Kinder – ist.

» Die Ringelbete schaut aus wie ein Fehler der Natur, als ob sie sich nicht entscheiden könnte: Bleibt sie weiß oder rot? «

Gesunde Knolle Was alle drei Beten auszeichnet, sind ihre Inhaltsstoffe und die gesundheitlichen Vorteile. Sie liefern reichlich Mineralstoffe (Kalium, Eisen, Magnesium etc.) sowie wichtige B-Vitamine und sind zudem noch kalorienarm. Allerdings enthalten sie auch viel Nitrat, deshalb sollte man auf Bio-Ware zurückgreifen. Für das Beste aus allen drei Bete-Sorten habe ich mir eine bunte Vorspeise ausgedacht (S. 12). Hier ergeben die drei Individualisten zusammen ein harmonisches Ganzes.

MINI-GURKEN

Die kleine Schwester der Salatgurke wird nicht eingelegt, sondern ist zum Snacken gedacht (Stefan Scherzer aus dem Ansbacher Land, den ich in seinem Gewächshaus besuche, sagt auf gut Fränkisch »Veschpern« dazu). Denn die Mini-Gurke ist geschmacksintensiver und knackiger mit feinen Kernen, die man beim Verzehr kaum spürt. Das macht sie ideal für meine Vorspeise mit Räucherfisch und Joghurt (S. 16). Natürlich können Mini-Gurken auch, in Scheiben oder kleine Würfel geschnitten, in den Salat wandern, aber zur Brotzeit direkt zum Reinbeißen bestechen sie durch ihre Frische. Und die kommt nicht von ungefähr, denn Gurken bestehen bis zu 97 % aus Wasser.

Durstiges Kürbisgewächs Gurken gehören zur Familie der Kürbisgewächse und sind sehr ertragreich. Bekommen sie genügend Wasser und Sonnenschein, wachsen sie sehr schnell. Aber Kälte mögen sie nicht. Wer Gurken in seinem Garten oder auf dem Balkon anbauen möchte, sollte die Setzlinge nicht vor den Eisheiligen pflanzen. Mini-Gurken brauchen zum Wachsen unbedingt eine Rankhilfe, da sie bis zu 4 Meter hoch klettern können.

» Mein Drink-Tipp: Ich schneide eine Mini-Gurke in dünne Scheiben und lege sie in ein Glas. Damit sich die Aromen entfalten, gebe ich 2–3 Eiswürfel dazu, lasse alles kurz stehen und gieße ganz schnell Gin und Tonic darauf. Einmal umrühren und genießen! Denn mit Gurke wird jeder Gin besser. «

Gelbe Bete

Mini-Gurke

Rote Bete

Ringelbete

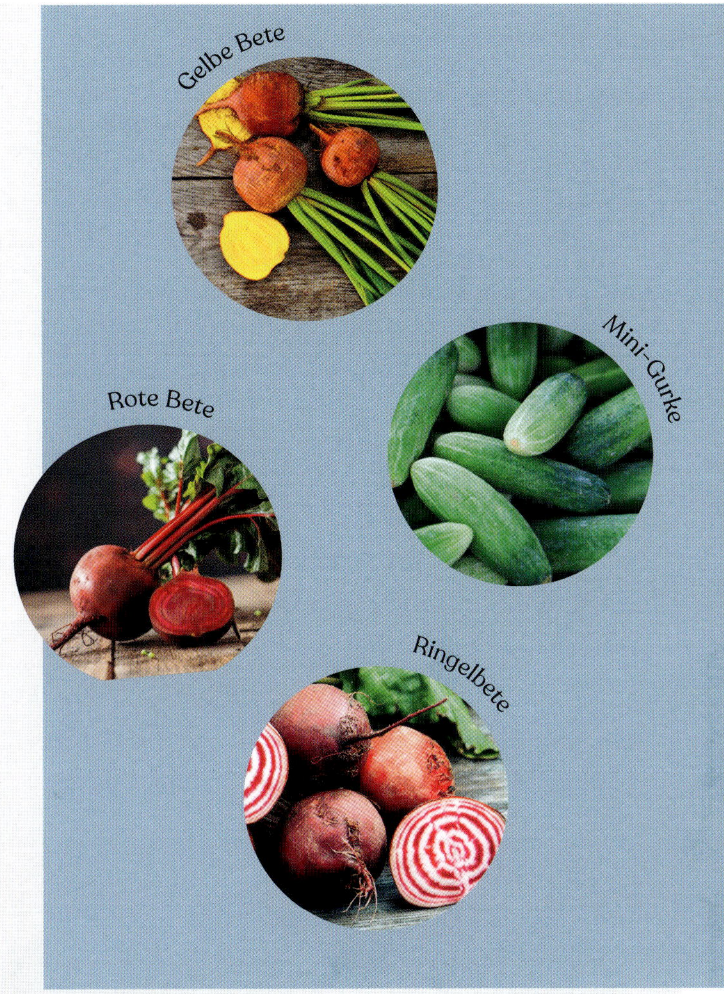

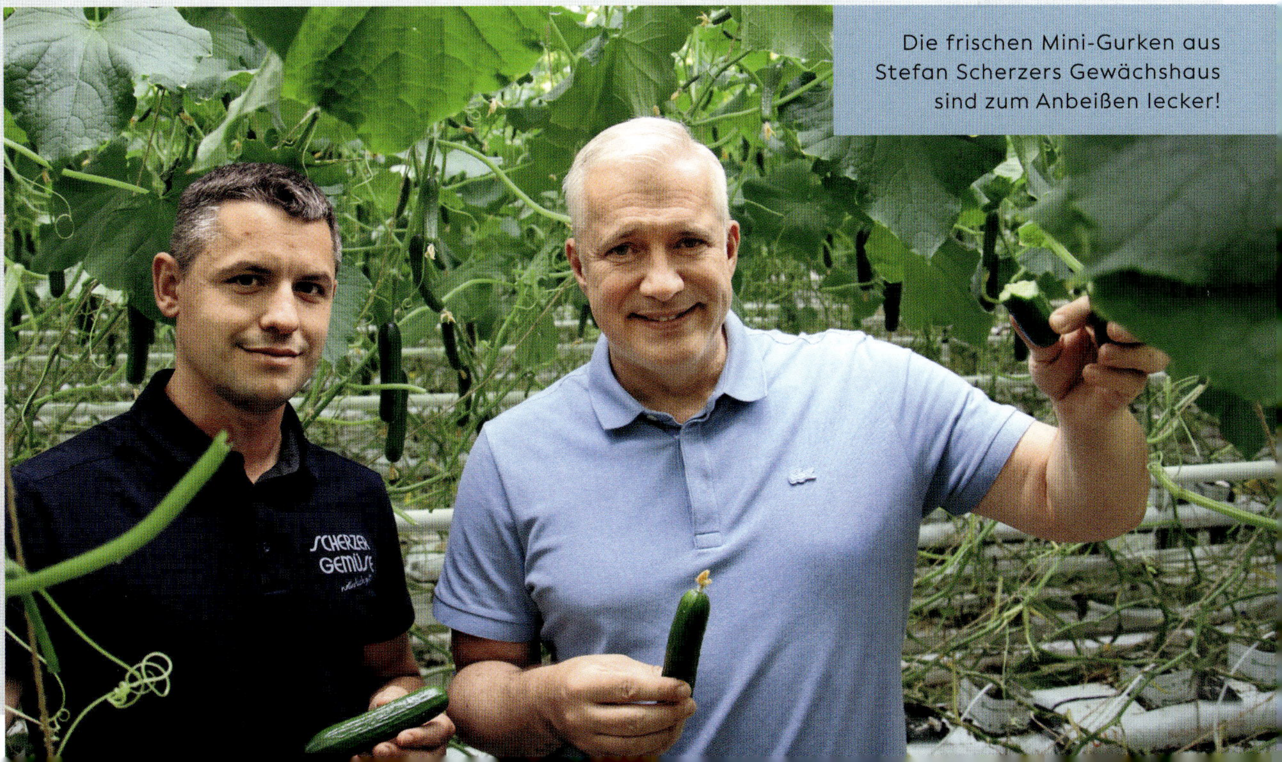

Die frischen Mini-Gurken aus Stefan Scherzers Gewächshaus sind zum Anbeißen lecker!

SALATE & BROTZEIT

Knuspriger Kopfsalat-Salat
mit Brot-Chips und Joghurtschaum

Für 2 Personen

---

100 g Butter
100 g altbackenes Bauernbrot (vom Vortag)
Salz
3 Scheiben Toastbrot
1 TL Brotgewürz (s. Tipp S. 130)
3–4 Radieschen
1 Tomate
1 kleiner Kopfsalat
2 Frühlingszwiebeln
4 Stängel Kerbel
½ Bund Dill
250 g Joghurt
1–2 EL Zitronensaft, plus mehr zum Garnieren
Cayennepfeffer
Meersalz (z. B. Fleur de sel)

1. Den Backofen auf 160 °C (Umluft) vorheizen. Ein Backblech mit Backpapier belegen. 70 g Butter schmelzen. Das Bauernbrot mit der Aufschnittmaschine in möglichst dünne Scheiben schneiden, nebeneinander auf dem Blech verteilen und mit etwas flüssiger Butter bestreichen. Mit einem weiteren Blatt Backpapier belegen, mit einem Ofengitter beschweren und im Ofen auf der mittleren Schiene 10–12 Minuten zu knusprigen Brotchips backen. Anschließend herausnehmen, vorsichtig auf Küchenpapier abtropfen lassen und mit 1 Prise Salz würzen.

2. Währenddessen das Toastbrot entrinden, im Mixer zu groben Bröseln mixen und in einer großen beschichteten Pfanne in der übrigen Butter (2 EL) unter Rühren goldgelb knusprig braten. Mit Brotgewürz und 1 Prise Salz abschmecken, vom Herd nehmen.

3. Die Radieschen putzen, waschen und in möglichst dünne Scheiben schneiden. Die Tomate waschen und ebenfalls in Scheiben schneiden, dabei den Stielansatz entfernen. Vom Kopfsalat die äußeren Blätter entfernen, den Salat waschen, trocken schütteln und je nach Größe halbieren oder vierteln. Die Frühlingszwiebeln putzen, waschen und in dünne Ringe schneiden. Den Kerbel waschen, trocken tupfen und die Blätter abzupfen.

4. Für den Joghurtschaum den Dill waschen, trocken tupfen und die Spitzen abzupfen. Dann mit Joghurt, 1–2 EL Zitronensaft, 1 Prise Salz und 1 kleinen Prise Cayennepfeffer in einem hohen Rührbecher mit dem Pürierstab aufschäumen.

5. Zum Servieren die Toastbrösel mittig auf Teller verteilen, den Kopfsalat daraufsetzen und Brotchips, Radieschen- und Tomatenscheiben sowie Frühlingszwiebeln zwischen die Salatblätter stecken. Mit 1 Spritzer Zitronensaft und 1 Prise Meersalz bestreuen, mit reichlich Joghurtschaum beträufeln und mit Kerbel garnieren.

TIPP
Für die Chips am besten nicht ganz frisch gebackenes Brot, sondern Ware vom Vortag nehmen.

Caesar Salad
auf bayerische Art

Für 2 Personen

2 Knoblauchzehen
200 ml Olivenöl
5 EL Panko (japan. Semmelbrösel)
Salz
2 Romanasalatherzen
2–3 Zweige Rosmarin
3 Strauchtomaten
2–3 Sardellenfilets
Saft von 1 Zitrone
150 g Heumilchjoghurt (oder Joghurt)
frisch gemahlener schwarzer Pfeffer
100 g gereifter Rotschmier-Camembert

1. Den Knoblauch schälen, in feine Scheiben schneiden und mit einem großen Schuss Olivenöl in eine beschichtete Pfanne geben. Das Panko einrühren und alles bei mittlerer Hitze unter Wenden so lange rösten, bis das Panko goldbraun ist. Dann mit 1 Prise Salz würzen.

2. Den Romanasalat längs halbieren, äußere Blätter und Strunk entfernen. Den Salat in die einzelnen Blätter teilen, waschen, trocken schleudern und in 1–2 cm breite Streifen schneiden. Den Rosmarin waschen, trocken tupfen und mit einem großen Schuss Olivenöl in einer weiteren Pfanne erhitzen. Den Romanasalat dazugeben und ebenfalls leicht anbraten, mit 1 Prise Salz würzen, alles kurz durchschwenken und in einer Schüssel beiseitestellen.

3. Für das Dressing die Tomaten waschen und in grobe Stücke schneiden, dabei die Stielansätze entfernen. Die Tomaten mit den Sardellenfilets, einigen Spritzern Zitronensaft und 1 großen Prise Salz in den Standmixer füllen, dann mit etwa 100 ml Olivenöl fein mixen. Anschließend alles durch ein Sieb passieren und das Dressing nochmals mit etwas Zitronensaft und Salz abschmecken.

4. Zum Servieren den Joghurt auf Tellern ausstreichen, mit 1 Prise Salz und Pfeffer bestreuen und den gereiften Rotschmier-Camembert darüberhobeln. Den Salat in einem Anrichtering mittig daraufsetzen, leicht andrücken und großzügig mit dem Tomatendressing beträufeln. Alles mit reichlich Knoblauchbröseln bestreuen, dann den Anrichtering vorsichtig abziehen.

TIPP

Der Camembert mit Rotschmierkulturen ist eine echte Besonderheit. Falls ihr den nicht bekommt, eignet sich auch ein anderer kräftiger Hartkäse wie Parmesan.

TIPP
Überraschung! Für Gäste am besten die ganze Schale mit den Brotbröseln bedecken.

Kartoffelsalat-Acker

mit Radieschen und Pumpernickel

Für 2 Personen

---

500 g festkochende Kartoffeln (z. B. Lea)
Salz
4–6 Scheiben Frühstücksspeck (Bacon)
1 weiße Zwiebel
2 EL Butter
250–300 ml Gemüsebrühe
2–3 eingelegte Essiggurken (ca. 250 g; mit 1 Schuss Einlegewasser)
1 EL mittelscharfer Senf
100 ml Rapsöl
1 Schuss Weißweinessig
100 g Pumpernickel
gemahlener Kümmel
4–6 Radieschen (mit Grün)
4 Stängel Petersilie, gezupft

1. Die Kartoffeln mit der Gemüsebürste gründlich waschen und in einem Topf in Salzwasser etwa 20 Minuten weich garen. Dann abgießen, kurz ausdampfen lassen und noch warm pellen. Inzwischen die Speckscheiben flach nebeneinander in eine große beschichtete Pfanne legen, zwei Drittel der Kartoffeln grob zerteilen und mit dem Speck bei schwacher Hitze langsam anbraten.

2. Die Zwiebel schälen, halbieren, in feine Streifen schneiden und mit in die Pfanne geben. Die Butter hinzufügen und alles mit 1 Prise Salz würzen. Sobald der Speck von unten knusprig gebraten ist, alles gut durchschwenken und vom Herd nehmen.

3. Die Brühe in einem kleinen Topf erhitzen. Übrige Kartoffeln mit der heißen Brühe, 1 großen Schuss Gurkeneinlegewasser, Senf und Rapsöl in einem hohen Rührbecher mit dem Pürierstab zügig zu einer lauwarmen Creme mixen und mit Salz und 1 Spritzer Essig abschmecken.

4. Den Pumpernickel im Standmixer zu Bröseln zerkleinern und in einer kleinen Pfanne ohne Fett unter Wenden so lange kräftig erhitzen, bis es zu dampfen anfängt. Mit 1 kleinen Prise Kümmel würzen, durchschwenken und vom Herd nehmen. Die Essiggurken längs in dünne Scheiben schneiden. Die Radieschen putzen, waschen und in dünne Scheiben schneiden, dabei das Grün zum Garnieren beiseitelegen.

5. Zum Servieren die Röstkartoffeln samt Speck und Zwiebeln auf kleine tiefe Teller oder Glasschalen verteilen, die Gurken und Radieschen daraufsetzen. Alles mit der Kartoffelsalatcreme bedecken und mit den Pumpernickelbröseln bestreuen. Zuletzt Radieschengrün und Petersilienblätter daraufstecken, sodass der Salat an einen Kartoffelacker erinnert.

Papaya-Erdnuss-Salat
mit gebratenem Kalbsbries

Für 2 Personen

Für den Salat:

1 Papaya
½ Bund Koriander
1 TL Meersalz (z. B. Fleur de sel)
3–4 EL Olivenöl
2 kleine Romanasalatherzen
Abrieb und Saft von 1–2 Bio-Limetten
1 Schuss Gemüsebrühe
2 EL flüssiger Honig
1 EL Piment d'Espelette
100 g Erdnusskerne, geschält und geröstet
1 Msp. Szechuanpfeffer, nach Belieben

Für das Kalbsbries:

400 g Kalbsbries, gekocht und in kleine Röschen gezupft
Salz
2 EL Mehl (am besten doppelgriffiges Mehl)
Olivenöl
2 EL Butter
1 TL Pimentkörner
2 Gewürznelken

1. Für den Salat die Papaya schälen, halbieren und die Kerne mit einem Löffel entfernen. Die Hälften nochmals halbieren und quer in dünne Scheiben schneiden. Den Koriander waschen, trocken tupfen und die Blätter abzupfen, mit Meersalz und Öl im Mörser zerreiben.

2. Die Romanasalate längs halbieren, äußere Blätter und Strunk entfernen. Den Salat in die einzelnen Blätter teilen, waschen, trocken schleudern und in 1–2 cm breite Streifen schneiden. Mit Limettenabrieb und -saft, Brühe, Honig und Piment d'Espelette in einer großen Schüssel mischen. Die Papayascheiben vorsichtig unterheben und mit den Erdnüssen bestreuen. Nach Belieben mit Szechuanpfeffer würzen.

3. Das gezupfte Kalbsbries mit Salz würzen, leicht im doppelgriffigen Mehl wenden und in einer Pfanne in wenig Öl rundum anbraten. Die Butter dazugeben und aufschäumen lassen, dann Piment und Nelken zum Aromatisieren hinzufügen.

4. Zum Servieren den Papayasalat auf Tellern anrichten, die gebratenen Kalbsbries-Röschen darauf verteilen und alles mit dem Korianderöl beträufeln.

TIPP
Doppelgriffiges Mehl besitzt eine etwas gröbere Struktur und eignet sich daher gut zum Panieren.

TIPP
Der eingelegte Spargel ist nach dem Einkochen mehrere Monate haltbar. Nach dem Öffnen kühl lagern.

Wurstsalat
mit gepickeltem weißen Spargel

Für 2 Personen

Für den eingelegten Spargel:

2 Bund weißer Spargel
½ Bund Estragon
200 ml Weißwein
200 g Zucker
400 ml Estragonessig
Salz

Für das Dressing:

1 Schuss Spargeleinlegesud
1 EL mittelscharfer Senf
2 Eigelb (Größe M)
150 ml Rapsöl
Salz
frisch gemahlener schwarzer Pfeffer
Essig oder Zucker zum Abschmecken

Für den Salat:

1 kleiner Kopfsalat
½ Bund Schnittlauch
8–10 Stangen eingelegter Spargel
1 rote Zwiebel
2 eingelegte Essiggurken
2 Bockwürste
2 EL Speisestärke
80 g Butterschmalz

1. Zum Einlegen den Spargel waschen, schälen und die holzigen Enden abschneiden. Dann mit dem Estragon hochkant (mit den Spitzen nach oben) in ein hohes Weckglas (1,5–2 l Inhalt) füllen. Für den Sud in einem Topf Wein, 200 ml Wasser, Zucker, Essig und 1 Prise Salz aufkochen und noch heiß über den Spargel gießen. Die Stangen sollen gut vom Sud bedeckt sein, dann das Glas fest verschließen.

2. In den auf 120 °C (Umluft) vorgeheizten Ofen unten ein tiefes Blech einschieben, mit Wasser füllen und das Glas hineinstellen. Den Spargel im Ofen etwa 25 Minuten einkochen. Herausnehmen und abkühlen lassen.

3. Für das Dressing 1 großen Schuss Spargeleinlegesud in einen hohen Rührbecher füllen. Senf, Eigelbe und Rapsöl dazugeben und alles mit dem Pürierstab cremig mixen. Mit Salz, Pfeffer und etwas Essig oder Zucker abschmecken.

4. Vom Salat die äußeren Blätter entfernen. Den Salat in die einzelnen Blätter teilen, waschen, trocken schleudern und in mundgerechte Stücke zupfen. Schnittlauch waschen, trocken tupfen und in feine Röllchen schneiden. Den eingelegten Spargel abtropfen lassen, jeweils schräg in 2–3 Stücke schneiden und im Schnittlauch wälzen. Die Zwiebel schälen, halbieren und in feine Ringe schneiden. Die Gurken in Scheiben schneiden.

5. Die Würste schräg in etwa 1,5 cm dicke Scheiben schneiden, in der Speisestärke wenden und in einer beschichteten Pfanne im Butterschmalz rundum knusprig braun anbraten. Herausnehmen und auf Küchenpapier abtropfen lassen.

6. Zum Servieren das Dressing auf tiefen Tellern verteilen und einige Kopfsalatblätter daraufsetzen. Spargel, Zwiebeln, Gurken und Wurstscheiben sowie nochmals einige Kopfsalatblätter dazwischenstecken.

Grüner Spargel mit Himbeercouscous
und Mandelcreme

Für 2 Personen

Für den Couscous:

1 kleine Zwiebel
2 EL Olivenöl
200 g Couscous
Salz
200 ml Rote-Bete-Saft
1 EL Baharat
(arab. Gewürzmischung)
50 ml Himbeeressig

Für die Creme:

100 g Mandelblättchen, leicht geröstet
200 ml ungesüßter Mandeldrink
100 g Toastbrot
6 EL Olivenöl

Außerdem:

100 g Himbeeren
1 Bund grüner Spargel
1 Knoblauchzehe
2 EL Olivenöl

1. Für den Couscous die Zwiebel schälen, in feine Würfel schneiden und in einem Topf in 2 EL Olivenöl glasig anschwitzen. Den Couscous dazugeben, mit 1 Prise Salz würzen, mit Rote-Bete-Saft auffüllen und alles einmal kurz aufkochen. Dann den Couscous vom Herd nehmen und zugedeckt etwa 5 Minuten ausquellen lassen. Anschließend den Deckel entfernen, den Couscous vorsichtig aufrühren, großzügig mit Baharat und ggf. nochmals mit 1 Prise Salz würzen und mit Himbeeressig säuerlich abschmecken.

2. Für die Creme die gerösteten Mandelblättchen in einem Topf im Mandeldrink bei mittlerer Hitze langsam aufkochen. Das Toastbrot entrinden, grob zerkleinern und mit 6 EL Olivenöl zum Mandeldrink geben. Anschließend alles im Topf mit dem Pürierstab cremig mixen und mit 1 Prise Salz abschmecken.

3. Die Himbeeren verlesen, waschen und trocken tupfen. Den Spargel waschen und im unteren Drittel schälen, die holzigen Enden abschneiden. Den Spargel mit der angedrückten Knoblauchzehe in einer großen Pfanne in 2 EL Olivenöl bei mittlerer Hitze langsam rundum hellbraun anbraten. Anschließend die Herdplatte ausschalten, die Himbeeren dazugeben, alles einmal durchschwenken und in der Nachhitze der Pfanne noch kurz ziehen lassen.

4. Zum Servieren die Mandelcreme großzügig auf Tellern anrichten und den Himbeercouscous mittig darauf verteilen. Den Spargel locker auf den Couscous legen, dabei die Himbeeren dazwischenfallen lassen.

TIPP
Baharat ist ein Mix aus Kreuzkümmel, Kardamom, Koriander, Muskat, Gewürznelken und Zimt.

Bruschetta mit Ziegenfrischkäse,
Birne und schwarzen Walnüssen

Für 2 Personen

1 großes Ciabatta (oder Baguettebrötchen)
1 Birne
2 EL Butter
1 EL flüssiger Honig
Mélange Noir (geschroteter schwarzer Pfeffer)
4 schwarze Walnüsse (aus dem Feinkostladen)
½ Radicchio trevisano
200 g cremiger Ziegenfrischkäse
etwas Bio-Zitronenabrieb
Salz

1. Das Ciabatta oder Baguettebrötchen quer halbieren und die Hälften in einer großen beschichteten Pfanne ohne Fett auf beiden Seiten rösten.

2. Die Birne waschen, vierteln und das Kerngehäuse entfernen. Die Birnenviertel in grobe Stücke schneiden und in einer Pfanne in der Butter andünsten. Mit dem Honig beträufeln und mit 1 Prise Mélange Noir würzen, alles nochmals gut durchschwenken und vom Herd nehmen. Die schwarzen Walnüsse abtropfen lassen und quer in dünne Scheiben schneiden.

3. Vom Radicchio die äußeren Blätter entfernen. Den Salat in die einzelnen Blätter teilen, waschen, trocken schleudern und in mundgerechte Stücke zupfen.

4. Zum Servieren die gerösteten Brotscheiben großzügig mit dem Honig-Pfeffer-Sud aus der Birnenpfanne bestreichen und den Ziegenfrischkäse darauf verteilen. Mit etwas Zitronenabrieb bestreuen, die Walnussscheiben und die gebratenen Birnenstücke dazwischenstecken und mit einigen Blättern Radicchio garnieren.

TIPP

Wer keinen Radicchio trevisano bekommt, kann auch normalen Radicchio verwenden. Der Trevisano zeichnet sich durch längliche Blätter aus. Anstelle von schwarzen Nüssen könnt ihr auch getrocknete Aprikosen nehmen.

Gebratenes Forellen-Sandwich
mit Feldsalat

Für 2 Personen

50 g Salz, plus mehr zum Würzen
10 g Zucker
6 frische Forellenfilets (ohne Haut und Gräten)
4 Stängel Petersilie, gezupft
2 Eiweiß (Größe M)
100 g eisgekühlte Sahne
Abrieb und Saft von 1 Bio-Zitrone
1 Msp. Cayennepfeffer
1 geräuchertes Forellenfilet (ohne Haut und Gräten)
2 Stängel Dill, fein gehackt
2 Scheiben Tramezzini-Brot (oder 4 Scheiben Toastbrot, entrindet)
80 g Butterschmalz
2 Zweige Rosmarin
1 EL Butter
100 g Feldsalat
1 Schuss Rapsöl

1. In einem Topf 500 ml Wasser, 50 g Salz und 10 g Zucker einmal aufkochen, dann auf Zimmertemperatur abkühlen lassen. Frische Fischfilets waschen und trocken tupfen. 3 Forellenfilets in die Salz-Zucker-Lake etwa 5 Minuten (je nach Dicke des Fisches) einlegen. Herausnehmen und auf Küchenpapier abtropfen lassen.

2. Übrige 3 Forellenfilets im Tiefkühlfach etwa 15 Minuten leicht anfrieren. Anschließend klein würfeln, leicht salzen und im Standmixer zügig zu einer feinen Farce mixen. Petersilie und Eiweiß dazugeben, alles kurz durchmixen. Nach und nach so viel kalte Sahne untermixen, dass eine cremige, streichfähige Farce entsteht. Die Farce in einer Schüssel mit etwas Zitronenabrieb, Salz und 1 Prise Cayenne würzen. Das geräucherte Forellenfilet klein würfeln und samt Dill unterheben.

3. Die Tramezzini quer in Quadrate halbieren und leicht mit dem Nudelholz ausrollen. Jede Scheibe großzügig mit der Farce bestreichen. Die abgetropften Forellenfilets auf den Tramezzini verteilen. Jeweils eine zweite mit Farce bestrichene Scheibe umgekehrt daraufsetzen und leicht andrücken. Die Sandwiches in einer großen beschichteten Pfanne im Butterschmalz bei schwacher bis mittlerer Hitze langsam braten, dabei zwischendurch die Pfanne zudecken. Das Sandwich wenden und die andere Seite ebenfalls langsam braten.

4. Den Rosmarin waschen und trocken tupfen, mit der Butter dazugeben, aufschäumen und das Sandwich zugedeckt bei schwacher Hitze langsam fertig garen. Zuletzt den Dampf entweichen lassen, das Sandwich nochmals im heißen Fett wenden, herausnehmen und auf Küchenpapier abtropfen lassen. Zum Servieren den Feldsalat verlesen, waschen und trocken schleudern, mit 1 Prise Salz, einigen Spritzern Zitronensaft und Rapsöl marinieren. Das Sandwich quer halbieren und mit dem Salat auf Tellern anrichten.

TIPP

Der Clou: Die Salz-Zucker-Lake würzt den Fisch flüssig und Salz und Zucker verteilen sich gleichmäßig.

TIPP
Anstelle der kunstvollen Nodini könnt ihr auch normale Mozzarellakugeln verwenden.

Mozzarella orientalisch
mit Himbeerbuttermilch

Für 2 Personen

4 Nodini-Mozzarella (Mozzarella-Knoten)
Chiliflocken
Abrieb von 1 Bio-Limette
Meersalz (z. B. Fleur de sel)
100 ml Olivenöl
1 Knoblauchzehe
4 Zweige Thymian
1 EL Ras el Hanout (marok. Gewürzmischung)
1 Aubergine
200 g Himbeeren
250 ml Buttermilch
Cayennepfeffer
½ Bund Basilikum
½ Bund Minze

1. Die Nodini nebeneinander auf einen tiefen Teller legen, mit 1 Prise Chiliflocken, Limettenabrieb und etwas Meersalz würzen. Dann mit 1 EL Olivenöl beträufeln und im Kühlschrank etwa 30 Minuten durchziehen lassen.

2. Inzwischen für das Gewürzöl den Knoblauch schälen und fein würfeln. Den Thymian waschen, trocken tupfen und fein hacken. Beides mischen, Ras el Hanout dazugeben und 2 EL Olivenöl unterrühren.

3. Die Aubergine putzen, waschen und aus der Mitte 4 etwa daumendicke Scheiben herausschneiden (Rest anderweitig verwenden). Auf einem Teller auslegen, mit Salz bestreuen und etwa 5 Minuten ziehen lassen. Die ausgetretene Feuchtigkeit mit Küchenpapier abtupfen. Die Auberginen mit 2 EL Olivenöl beträufeln und in einer beschichteten (Grill-)Pfanne ohne weiteres Fett auf beiden Seiten kräftig anbraten. Dann das Gewürzöl dazugeben, alles gut durchschwenken, die Herdplatte ausschalten und die Auberginen in der Nachhitze noch etwas ziehen lassen.

4. Die Himbeeren verlesen, waschen und trocken tupfen. Mit Buttermilch und je 1 Prise Salz und Cayennepfeffer in einem hohen Rührbecher mit dem Pürierstab mixen, durch ein feines Sieb gießen.

5. Für das Kräuteröl Basilikum und Minze waschen, trocken tupfen, Blätter abzupfen und in einen großen Mörser füllen. 1 Prise Meersalz dazugeben und mit den Kräutern fein verreiben. Das übrige Olivenöl hinzufügen und alles im Mörser zu einer Art Pesto verreiben.

6. Zum Servieren die Auberginenscheiben mittig in tiefen Tellern anrichten und die Himbeerbuttermilch darum herumgießen. Mit dem Kräuteröl beträufeln und jeweils 1 marinierten Nodino darauflegen.

Butterbreze de luxe
mit Brezen-Schwammerl-Salat

Für 2 Personen

150 g weiche Butter
½ Bund Schnittlauch
3–4 Laugenbrezen
(je nach Größe)
500 g gemischte Pilze
(z. B. Champignons, Egerlinge, Kräuterseitlinge, Steinpilze)
Salz
1 Schuss Rapsöl
4 Radieschen
1 kleines Romanasalatherz
1 Schuss gereifter Balsamico-Essig
3–4 Stängel Petersilie, fein gehackt
frisch gemahlener schwarzer Pfeffer
Saft von 1 Zitrone

1. Für die Kräuterbutter die weiche Butter in einen hohen Rührbecher geben und mit den Quirlen des Handrührgeräts schaumig schlagen. Den Schnittlauch waschen, trocken tupfen, in feine Röllchen schneiden und unter die Butter rühren.

2. Die Laugenbrezen (den dickeren Teil) in breite Stücke schneiden und in einer Pfanne ohne Fett auf beiden Schnittflächen goldbraun rösten, warm halten. Die »Schleife« der Brezen ebenfalls, aber in kleinere Stücke, schneiden und beiseitelegen.

3. Die Pilze putzen, mit einem Küchentuch abreiben und je nach Größe vierteln oder sechsteln. Dann in einer Pfanne ohne Fett hellbraun rösten. Anschließend mit 1 kleinen Prise Salz würzen und die beiseitegelegten kleinen Brezenstücke (von der Schleife) dazugeben. Das Rapsöl dazugeben, alles gut durchschwenken und nach etwa 1 Minute in eine Schüssel füllen.

4. Die Radieschen putzen, waschen und in dünne Scheiben schneiden. Vom Salat die äußeren Blätter entfernen. Den Salat in die einzelnen Blätter teilen, waschen, trocken schleudern und in mundgerechte Stücke zupfen. Den Brezen-Schwammerl-Salat mit dem Essig marinieren und die Petersilie unterrühren.

5. Zum Servieren den Salat auf Tellern anrichten, die Radieschen darauf verteilen und mit Pfeffer würzen. Die warmen Brezenstücke aus der Pfanne großzügig mit Schnittlauchbutter bestreichen und neben den Salat setzen. Die Salatblätter mit einigen Spritzern Zitronensaft beträufeln und zwischen die Brezenstücke stecken.

TIPP
Die Kräuterbutter lässt sich gut aufbewahren und passt auch zu rösch gebackenem Bauernbrot.

TIPP
Wenn man das Gewürzbrot im verbliebenen Bratwurstfett röstet, schmeckt es herrlich würzig.

Bratwurst mit Meerrettichzwiebeln
im Petersilien-Apfel-Sud

Für 2 Personen

2 grobe Bratwürste (roh, à 100–130 g)
2 grobe Bratwürste (geräuchert)
2–3 EL Butterschmalz
2–3 weiße Zwiebeln
100 g Butter
Salz
1 EL gemahlener Kümmel
frisch gemahlener schwarzer Pfeffer
100 g Sahnemeerrettich
1 Bund Petersilie
2 grünschalige Äpfel
Saft von 2 Bio-Zitronen
2 Scheiben Gewürzbrot oder Bauernbrot

1. Alle Bratwürste rundum mit einer Nadel mehrmals einstechen, dann in einer Pfanne im Butterschmalz langsam rundum braun braten.

2. Die Zwiebeln schälen, in feine Streifen schneiden und in einer großen beschichteten Pfanne in der Butter bei mittlerer Hitze langsam glasig dünsten, mit etwas Salz würzen und durchschwenken. Sobald die Butter bräunt, alles in ein Sieb abgießen und die Zwiebeln abtropfen lassen. Die warme Butter in einer Schüssel auffangen und mit etwas Kümmel, Salz und Pfeffer würzen. Die Zwiebeln etwas abkühlen lassen, dann mit dem Sahnemeerrettich vermengen.

3. Die Petersilie waschen und trocken tupfen. Äpfel waschen, vierteln, entkernen und im Entsafter mit der Petersilie entsaften. Den Sud mit Salz und einigen Spritzern Zitronensaft abschmecken.

4. Das Brot in grobe Stücke (je nach Größe der Scheiben in jeweils 5–6 breite Streifen) schneiden. Die Bratwürste aus der Pfanne nehmen und warm halten. Die Brotscheiben in der Pfanne im verbliebenen Bratwurstfett bei mittlerer Hitze auf beiden Seiten knusprig braten. Herausnehmen und auf Küchenpapier abtropfen lassen.

5. Zum Servieren die Meerrettichzwiebeln mittig auf tiefen Tellern anrichten (nach Belieben mit einem Anrichtering). Reichlich grünen Petersilien-Apfel-Sud darum herumgießen und mit 2 EL Kümmel-Nussbutter beträufeln. Die Bratwürste leicht schräg in Stücke schneiden, diese darauf anrichten und die knusprigen Croûtons dazwischenstecken. Nach Belieben mit Petersilienblättern garnieren.

Microgreens, Salat & Verjus

Noch »grün hinter den Ohren« wird alles genannt, was unreif und noch nicht ausgewachsen ist. Das ist bei pflanzlichen Lebensmitteln aber kein Nachteil. Im Gegenteil: Microgreens und Verjus entfalten ganz eigene Geschmacksnuancen, und junger Salat ist besonders frisch.

MICROGREENS

Was Microgreens sind, erklärt mir Willy Fumy aus dem Rottal-Inn-Kreis. Eigentlich sind Microgreens »a Gmias«, das nicht ausgewachsen ist, sagt er. Also Sprossen oder Keimlinge von Gemüse und Kräutern. Das Grün von Radieschen, Erbsen, Sonnenblumen oder Kapuzinerkresse und noch vielem anderen Gemüse kann man nach gut zehn Tagen ernten und essen. Den Geschmack der Pflanze, die es mal werden soll, kann ich deutlich rausschmecken: Radieschensprossen sind leicht scharf, Sonnenblumensprossen nussig und Kapuzinerkresse süßlich. Es braucht nicht viel, um Sprossen zu züchten: Licht, etwas Wärme, einen guten Nährboden und Wasser.

» Wenn wir Grün wollen, dann wächst es bei uns in Bayern, auch in der ›Garasch‹. «

Gesundes Grün Microgreens gelten als besonders gesund. Sie lassen sich ohne großen Aufwand auch auf der Fensterbank selbst ziehen. Durch das Keimen der Samen steigt die Konzentration von Vitaminen wie A, B und C sowie der Mineralstoff- und Ballaststoffgehalt. Willy Fumy hat auch noch Sprossen aus Honigmelone im Angebot. Am liebsten isst er aber einfach Rucolasprossen auf Butterbrot. Ich veredle mit Microgreens gerne Gerichte – wie zum Beispiel meine neu interpretierten Pellkartoffeln mit Quark auf S. 63.

Tolle Vielfalt: Microgreens wachsen auch zu Hause auf der Fensterbank.

SALAT

Das Gewächshaus von Andreas Scherzer in Dinkelsbühl ist sage und schreibe 50 000 m^2 groß. Darin wächst, so weit das Auge reicht, Salat. Vom Keimen bis zur Ernte braucht der Kopfsalat etwa 45 Tage. Die Vorteile eines Gewächshauses liegen auf der Hand, erklärt mir Andreas: Witterungseinflüsse wie Starkregen, Hagel etc. bleiben außen vor, der Salat ist das ganze Jahr über erntbar, und die Mitarbeiter müssen nicht bei Wind und Wetter raus aufs Feld.

Genuss voller Vitamine Sein modernes Gewächshaus ist mit neuesten Anlagen zur Steuerung von Klima und Bewässerung ausgestattet, und biologischer Pflanzenschutz sorgt dafür, dass die Salate nicht nur hervorragend schmecken, sondern auch vitaminreich und voll ausgereift sind. Salat aus dem Gewächshaus ist zarter und feiner als Freilandsalat, findet Andreas. Die Wurzel lässt er beim Verkauf dran, dann bleibt der Salat länger frisch. Genauso wie beim Trio-Salat aus Eichblattsalat, Lollo rosso und Lollo biondo, den Andreas auch anbietet. Auf dem Teller ist er dann ein reiner Genuss – ich kombiniere ihn auf S. 36 mit selbst gemachten Brot-Chips und Radieschen.

VERJUS

Bei Lena Bernard aus dem Kitzinger Land geht es um Weintrauben. Kein Wunder, wenn man die Winzerin auf ihrem Weingut trifft. Aber diesmal reden wir nicht über Wein, sondern über Verjus. Das ist der grüne Saft (genau das bedeutet »Verjus« wörtlich übersetzt), der beim Auspressen von unreifen, noch harten Trauben anfällt. In der Antike wurde der Saft als Heilmittel für Magenprobleme und bei Geschwüren eingesetzt, später dann in der Küche als Essigersatz. Die Säure ist allerdings feiner und milder als die von Essig und Zitrone und hat

Gut geschützt wächst knackigfrischer Kopfsalat im Gewächshaus von Andreas Scherzer.

einen fruchtigen Traubengeschmack. Verjus kann aus Rotwein- und Weißweintrauben hergestellt werden. Für Lena ist es wichtig, dass die Trauben unbehandelt sind.

» Das Elixier der Weintraube, der Verjus, gibt dem Essen einen Power- und Push-Moment. «

Verjus eignet sich hervorragend zum Würzen von Salatdressings, Marinaden und Saucen. In meinem Rezept auf S. 92 habe ich den sauren Saft in seiner »aufgegabelt«-besten Form als Sabayon in Szene gesetzt.

Bei Lena Bernard kommen nur unbehandelte Trauben in die Presse.

VEGETARISCHE HAUPTGERICHTE

TIPP

Als Microgreens bezeichnet man Kräuterkeimlinge, die nur wenige Tage alt geerntet werden.

Kartoffeln mit Quark – neu interpretiert

Für 2 Personen

2–4 große festkochende Kartoffeln
500 ml Sonnenblumenöl
Meersalz (z. B. Fleur de sel)
1 Bund Petersilie
2 Schälchen Daikonkresse
1 Schälchen rote Radieschenkresse
200 g Hüttenkäse (körniger Frischkäse)
Abrieb und Saft von 1 Bio-Zitrone
Salz
frisch gemahlener schwarzer Pfeffer
2 Schälchen verschiedene Microgreens (z. B. Erbsenkresse oder Mini-Rucola)

1. Die Kartoffeln putzen, waschen und die Schale rundum längs in dünnen Streifen abschälen. Die Schalen in einer Schüssel waschen, in ein Sieb abgießen und gut abtropfen lassen (am besten trocken tupfen). Dann in einer Pfanne in etwa 200 ml Sonnenblumenöl knusprig frittieren. Anschließend vorsichtig herausheben, auf Küchenpapier abtropfen lassen und mit 1 Prise Meersalz bestreuen.

2. Währenddessen die geschälten Kartoffeln je nach Größe halbieren oder vierteln und in einem großen Topf in gesalzenem Wasser bei mittlerer Hitze etwa 15 Minuten weich garen. Danach abgießen und kurz ausdampfen lassen.

3. Petersilie, Daikon- und Radieschenkresse waschen, trocken tupfen und die Blätter abzupfen. Dann in einem hohen Rührbecher mit etwa 300 ml Sonnenblumenöl und 1 guten Prise Salz mit dem Pürierstab mixen. Das Kräuteröl in einem kleinen Topf einmal kurz erhitzen und durch ein feines Sieb passieren.

4. Den Hüttenkäse mit etwas Wasser in einer Schüssel mischen und auf diese Weise »abwaschen«. Anschließend in ein Sieb abgießen und gut abtropfen lassen. Die abgetropften Hüttenkäse-»Steinchen« in einer Schüssel mit Zitronenabrieb und -saft sowie je 1 Prise Salz und Pfeffer würzen.

5. Zum Servieren die gegarten Kartoffeln mit der Kartoffelpresse mittig auf die Teller pressen (Kartoffelschnee) und mit etwas Salz und Pfeffer bestreuen. Den marinierten Hüttenkäse darum herum verteilen und großzügig mit dem Kräuteröl beträufeln. Die Microgreens waschen, trocken tupfen und auf dem Kartoffelschnee verteilen, die knusprigen Kartoffelschalenchips dazwischenstecken.

Wiesenkräuter-Teigtaschen
mit Muskat-Milchschaum

Für 4 Personen

Für den Nudelteig:
400 g Mehl, plus mehr zum Verarbeiten
100 g Hartweizengrieß
4 Eier (Größe M)
3 Eigelb (Größe M)
gemahlene Kurkuma
etwas Pflanzenöl (nach Belieben)

Für die Füllung:
1 große mehligkochende Kartoffel, Salz
2–3 Handvoll Wiesenkräuter
1 Zwiebel
etwas Pflanzenöl
1–2 EL Topfen (Quark mit geringem Flüssigkeitsanteil)
2 Eigelb (Größe M)
frisch gemahlener schwarzer Pfeffer
Abrieb von 1 Bio-Zitrone

Für den Milchschaum:
500 ml Milch, Salz
frisch gemahlener schwarzer Pfeffer
1 Prise frisch geriebene Muskatnuss

Außerdem:
2 EL Butter

1. Für den Nudelteig Mehl, Grieß, Eier, Eigelbe, 1 Prise Kurkuma und nach Belieben 1 Schuss Öl glatt verkneten. Den Teig locker in Frischhaltefolie wickeln und am besten 2 Stunden im Kühlschrank ruhen lassen.

2. Inzwischen für die Füllung die Kartoffel mit der Gemüsebürste gründlich waschen und samt Schale in einem Topf in Salzwasser weich garen. Herausnehmen, pellen und ausdampfen lassen. Die Kräuter waschen, trocken tupfen und einige zum Garnieren beiseitelegen, den Rest grob hacken.

3. Die Zwiebel schälen, fein würfeln und in einer Pfanne in etwas Öl anschwitzen. Die gehackten Wiesenkräuter dazugeben und alles kurz durchschwenken. Anschließend den Mix in einer Schüssel mit der zerstampften Pellkartoffel, Topfen und Eigelben zu einer glatten Masse vermengen, mit Salz, Pfeffer und Zitronenabrieb abschmecken.

4. Den Nudelteig in dicke Scheiben schneiden und jede Scheibe mit dem Nudelholz auf der leicht bemehlten Arbeitsfläche ausrollen. Den Teig zu Kreisen (à 5–6 cm Durchmesser) ausstechen, mit der Kräutermasse füllen, verschließen und krendeln (den Rand mit Daumen und Zeigefinger wie eine Schnur sanft verzwirbeln). Die fertigen Teigtaschen in einem Topf in reichlich kochendem Salzwasser etwa 5 Minuten garen.

5. Inzwischen für den Milchschaum die Milch mit Salz, Pfeffer und großzügig Muskat abschmecken, in einem kleinen Topf erwärmen und mit dem Pürierstab aufschäumen.

6. Zum Servieren die Teigtaschen mit einem Schaumlöffel herausheben, kurz abtropfen lassen und in einer Pfanne kurz in etwas Butter anbraten. Auf Teller verteilen, mit den beiseitegelegten Wildkräutern garnieren und mit dem Milchschaum beträufeln.

TIPP
Aromatische Wildkräuter sind Giersch, Kapuzinerkresse, Knopfkraut, Schafgarbe und Vogelmiere.

Quark-Pfeffer-Klößchen mit
Meerrettichzwiebeln und Lindenblättern

Für 2–3 Personen

---

100 g getrocknete Lindenblätter
2 Zweige Rosmarin
je 1 Bio-Zitrone und -Orange
250 g Quark
1 Ei (Größe M)
Salz
1 EL Mélange Noir (geschroteter schwarzer Pfeffer)
ca. 150 g Semmelbrösel
2 EL Butterschmalz
1 Knoblauchzehe
100 g Butter
2 Zwiebeln
250 ml Weißwein
50 g geraspelter Meerrettich
½ Bund gehackte Petersilie

1. Für den Sud die Lindenblätter wie einen Tee mit 500 ml kochend heißem Wasser überbrühen und etwa 10 Minuten ziehen lassen. Anschließend durch ein feines Sieb gießen. Währenddessen den Rosmarin waschen, trocken tupfen und die Nadeln abzupfen. Zitrone und Orange heiß waschen, abtrocknen und mit dem Sparschäler je 2–3 Schalenstreifen abschälen.

2. Quark und Ei in einer Rührschüssel verrühren und mit Salz und Mélange Noir abschmecken. Nach und nach so viele Semmelbrösel unterrühren, bis die Masse die Konsistenz eines festeren Kartoffelpürees hat. Aus der Masse mit zwei angefeuchteten Esslöffeln große Nocken abstechen und in einer großen Pfanne im Butterschmalz rundum anbraten. Die angedrückte Knoblauchzehe, Rosmarin, Zitronen- und Orangenschale dazugeben, 2 EL Butter hinzufügen und darin aufschäumen lassen. Alles gut durchschwenken, die Herdplatte ausschalten und die Quarkklößchen zugedeckt in der Nachhitze der Pfanne garziehen lassen.

3. Inzwischen die Zwiebeln schälen, halbieren, in feine Streifen schneiden und in einer großen Pfanne in etwas Butter glasig anschwitzen. Den Wein dazugießen und um die Hälfte einkochen, mit Lindenblättersud auffüllen. Die Zwiebeln mit 1 Prise Salz würzen und langsam etwa 5 Minuten weich garen. Dann alles durch ein Sieb in einen kleinen Topf gießen, die Zwiebeln abtropfen lassen, den Sud aufkochen und ggf. nochmals salzen. Die übrige kalte Butter in Flocken dazugeben und mit dem Pürierstab aufschäumen. Die abgetropften Zwiebeln in einer Schüssel mit Meerrettich und Petersilie mischen und mit Salz abschmecken.

4. Zum Servieren die Meerrettichzwiebeln in tiefen Tellern anrichten und die Quarkklößchen daraufsetzen. Den Lindenblätterschaum angießen und alles mit der Aromabutter aus der Klößchenpfanne beträufeln.

TIPP
Lindenblätter sind getrocknet erhältlich. Anders als die Blüten (für Tee) ergeben sie grasig-frische Aromen.

Kürbiskern-Brezenknödel
mit Birnen und Feldsalat

Für 3–4 Personen

3–4 altbackene Laugenbrezen (ca. 350 g; vom Vortag)
3 EL Zwiebelwürfel
etwas Pflanzenöl
10 EL Kürbiskerne
100 ml Milch
2 Eier (Größe M)
3 EL Kürbiskernmehl (teilentölt)
Meersalz (z. B. Fleur de sel)
frisch gemahlener schwarzer Pfeffer
140 g Butter
2 Birnen
100 g saure Sahne (Sauerrahm)
Abrieb von je 1 Bio-Zitrone und -Orange
etwas Zitronensaft
1 Schale Feldsalat (ca. 150 g)
50 ml Kürbiskernöl

1. Die Laugenbrezen in Stücke schneiden und in eine Schüssel geben. Die Zwiebelwürfel in einem kleinen Topf in etwas Öl anschwitzen, 4 EL Kürbiskerne dazugeben und kurz mitrösten (bis die Kerne anfangen zu knacken). Alles mit der Milch ablöschen und den Mix über die Laugenbrezen gießen. Gut vermengen, dann die Masse kurz abkühlen lassen.

2. Anschließend die Eier und das Kürbiskernmehl dazugeben, gut unterkneten und mit Salz und Pfeffer abschmecken. Aus der Masse mit angefeuchteten Händen 3–4 Knödel formen. Die Knödel im Dampfbackofen bei 100 °C Dampf etwa 20 Minuten garen (je nach Größe der Knödel). Danach herausnehmen und zum Servieren in einer Pfanne in 2 EL schäumender Butter rundum knusprig herausbraten.

3. Die restlichen Kürbiskerne grob anmixen. Die Birnen waschen, in Spalten schneiden und das Kerngehäuse entfernen. Die Birnenspalten in einer Pfanne in der übrigen Butter (100 g) anbraten, mit den gemixten Kürbiskernen bestreuen und kurz mit anbraten. Alles nochmals durchschwenken und mit Salz und reichlich Pfeffer abschmecken.

4. Den Sauerrahm mit Zitronen- und Orangenabrieb, einigen Spritzern Zitronensaft und Meersalz abschmecken. Den Feldsalat verlesen, waschen und trocken schleudern. Mit Meersalz und Kürbiskernöl marinieren.

5. Zum Servieren die Knödel auf Tellern anrichten und die Birnenspalten samt Kürbiskernbutter darum verteilen. Den Feldsalat daraufsetzen und einige Tupfer Zitronensauerrahm dazwischensetzen.

TIPP
Wer keinen Dampfbackofen hat, kann die Knödel auch im Topf in Salzwasser garziehen lassen.

TIPP
Der Löffeltrick: Legt die Kürbishälften zwischen zwei Kochlöffel – so schneidet ihr sie nicht ganz durch.

Gerösteter Ofenkürbis
mit Chicorée-Orangen-Salat

Für 2 Personen

1 Butternutkürbis
1 Knoblauchzehe
2 Zweige Rosmarin
Meersalz (z. B. Fleur de sel)
4 EL Butter, geschmolzen
2 Bio-Orangen
2 Chicorée
2 Romanasalatherzen
2 EL Rapsöl
100 g Joghurt
50 g Meerrettichwurzel (oder 2 EL geraspelter Meerrettich)

1. Den Backofen auf 180 °C (Ober-/Unterhitze) vorheizen. Den Kürbis putzen und schälen, dann längs halbieren und die Kerne mit einem Löffel herauskratzen. Die Außenseiten der Kürbishälften in engen Abständen mehrmals einschneiden (Achtung: nicht vollständig durchschneiden!). Den Knoblauch schälen und in dünne Scheiben schneiden. Den Rosmarin waschen, trocken tupfen und die Nadeln abzupfen.

2. Die Kürbishälften auf den Schnittflächen in eine Auflaufform setzen, mit Meersalz einreiben und mit flüssiger Butter bestreichen. Die Knoblauchscheiben und Rosmarinnadeln in die Einschnitte stecken. Den Kürbis im Ofen auf der mittleren Schiene 30–45 Minuten (je nach Größe des Kürbisses) garen.

3. Inzwischen die Orangen filetieren, dazu so großzügig schälen, dass auch die weiße Haut mit entfernt wird. Die Filets zwischen den einzelnen Trennhäuten herausschneiden, den austretenden Saft auffangen und den Rest der Orangen gut ausdrücken.

4. Den Chicorée putzen, waschen und in die einzelnen Blätter teilen. Den Romana längs halbieren, äußere Blätter und Strunk entfernen. Den Salat in die einzelnen Blätter teilen, waschen, trocken schleudern und klein schneiden. Romanasalat und Chicorée in einer Schüssel mit dem aufgefangenen Orangensaft, Rapsöl und 1 Prise Salz marinieren.

5. Zum Servieren den Kürbis aus dem Ofen nehmen und mit dem Salat auf Tellern anrichten. Die Orangenfilets darum verteilen, einige Tupfen Joghurt dazugeben und den Meerrettich frisch darüberreiben.

Grillkäse mit gebratenen Paprika
und Curryorangen

Für 2 Personen

---

3 Orangen
3 rote Paprikaschoten
Salz
2 Schalotten
150 ml Olivenöl
½ TL Paprikapulver edelsüß
Cayennepfeffer
50 g Mandelblättchen, geröstet
Xanthan
1 Halloumi (Grillkäse)
Abrieb von 1 Bio-Zitrone
Currypulver
frisch gemahlener schwarzer Pfeffer
Meersalz (z. B. Fleur de sel)
einige Kerbelblätter zum Garnieren (nach Belieben)

1. Die Orangen filetieren, dazu so großzügig schälen, dass auch die weiße Haut mit entfernt wird. Die Filets zwischen den einzelnen Trennhäuten herausschneiden, den austretenden Saft auffangen und den Rest der Orangen gut ausdrücken.

2. Die Paprika vierteln, putzen, waschen und die Viertel mit dem Sparschäler schälen, dabei die Schalen für das Dressing beiseitelegen. Dann die Paprika in größere Dreiecke schneiden, mit 1 Prise Salz würzen und etwa 10 Minuten ziehen lassen.

3. Inzwischen für das Dressing die Schalotten schälen, fein würfeln und in einem kleinen Topf in 1 Schuss Olivenöl anschwitzen. Mit Paprikapulver und 1 Prise Cayennepfeffer würzen und kurz mit anschwitzen, geröstete Mandeln unterrühren. Die Paprikaschalen und den aufgefangenen Orangensaft dazugeben, alles mit 1 kleinen Prise Salz abschmecken und zugedeckt 4–5 Minuten köcheln lassen. Anschließend im Topf mit dem Pürierstab mixen, 1 kleine Prise Xanthan dazugeben und untermixen. Dann das Ganze durch ein feines Sieb passieren, warm halten.

4. Den Grillkäse in 6–8 Scheiben schneiden, in einer großen beschichteten Pfanne in 1 großen Schuss Olivenöl erst auf einer Seite goldbraun braten. Dann wenden, die Paprika-Ecken dazugeben und ebenfalls mit anbraten.

5. Für die Curryorangen das restliche Olivenöl mit Zitronenabrieb und 1 Prise Curry in einer Pfanne erwärmen. Die Herdplatte ausschalten und die Orangen darin in der Nachhitze etwa 5 Minuten ziehen lassen.

6. Zum Servieren das Dressing auf tiefe Teller verteilen und den Grillkäse mit den Paprika-Ecken darauf anrichten. Die Curryorangen samt Öl darauf verteilen und mit je 1 Prise Pfeffer und Meersalz bestreuen. Nach Belieben mit Kerbelblättern garnieren.

TIPP

Xanthan ist im Reformhaus erhältlich und dient als Binde- und Verdickungsmittel.

Vegetarische Gemüsebolognese
mit Ras-el-Hanout-Nudeln

Für 2 Personen

---

2 Schalotten
1 rote Paprikaschote
50 ml Olivenöl
Salz
4–5 Schältomaten
(aus Glas oder Dose)
½ TL getrocknetes Pilzpulver
zum Würzen
200 g Seidentofu
200 g Tagliatelle
100 ml Gemüsebrühe
1 TL Ras el Hanout
(marok. Gewürzmischung)
½ TL Currypulver
3–4 Macadamianusskerne,
geröstet

1. Die Schalotten schälen, halbieren und in Streifen schneiden. Die Paprika vierteln, putzen und waschen, die Viertel mit dem Sparschäler schälen und in kleine Würfel schneiden.

2. Die Schalottenstreifen in einer großen Pfanne in etwas Olivenöl bei mittlerer Hitze glasig anschwitzen. Die Paprikawürfel hinzufügen und mit anschwitzen, alles leicht salzen. Dann die Schältomaten dazugeben und mit zwei Löffeln grob zerzupfen, alles einmal aufkochen und offen bei schwacher Hitze noch etwa 5 Minuten köcheln lassen.

3. Anschließend den Sugo mit Pilzpulver und 1 Prise Salz würzen. Den Seidentofu dazugeben und alles so lange verrühren, bis die Sauce fast wie eine Bolognese aussieht. Die Pfanne vom Herd nehmen und die Sauce noch kurz ziehen lassen, dann warm halten.

4. Inzwischen die Tagliatelle in einem Topf in kochendem Salzwasser nach Packungsangabe al dente kochen, anschließend durch ein Sieb gießen und abtropfen lassen. Mit der Brühe und 1 Schuss Olivenöl in eine große beschichtete Pfanne geben und darin bei schwacher Hitze kurz durchschwenken, mit Ras el Hanout, Curry und ggf. 1 Prise Salz abschmecken.

5. Zum Servieren die Bolognese auf tiefen Pasta-Tellern verteilen und die Nudeln daraufsetzen. Die gerösteten Macadamianüsse fein darüberreiben.

TIPP
Ras el Hanout enthält Kreuzkümmel, Koriander, Kurkuma, Ingwer, Kardamom und Muskatnuss.

TIPP
Mit Mehlbutter (kalte Butter mit etwas Mehl verknetet) lassen sich Saucen ohne Mehlschwitze gut binden.

Emmer-Risotto
mit Tomaten und Balsamico-Orangen

Für 3–4 Personen

200 g Emmer
Meersalz (z. B. Fleur de sel)
3–4 Schalotten
2 Orangen
1 Schuss Olivenöl
50 ml Balsamico-Essig
20 Kirschtomaten
½ Bund Thymian
2 Knoblauchzehen
150 g Butter
1 EL Misopaste
1 TL Brotgewürz (s. Tipp S. 130)
500 ml Gemüsebrühe
25 g Mehl
50 g Hartkäse
(z. B. Belper Knolle
oder Parmesan)

1. Den Emmer in einem Topf in Salzwasser zugedeckt bei schwacher bis mittlerer Hitze etwa 15 Minuten vorgaren. Anschließend in ein Sieb abgießen, kalt abschrecken und abtropfen lassen.

2. Inzwischen für die Balsamico-Orangen die Schalotten schälen und fein würfeln. Die Orangen filetieren (s. S. 71). Die Schalotten in einem kleinen Topf im Olivenöl glasig anschwitzen, die Orangenfilets dazugeben und alles kurz durchschwenken. Mit Essig und 1 Prise Salz abschmecken, vom Herd nehmen.

3. Die Tomaten waschen, in einer kleinen Auflaufform mit dem Flambierbrenner abflämmen und vorsichtig häuten. Den Thymian waschen, trocken tupfen und die Blätter abzupfen. Den Knoblauch schälen und in feine Scheiben schneiden.

4. In einem kleinen Topf 3–4 EL Butter aufschäumen lassen, Thymian und Knoblauch dazugeben und die Butter damit aromatisieren. Die Tomaten hinzufügen und alles kurz durchschwenken, mit 1 Prise Salz würzen. Die Herdplatte ausschalten und die Tomaten in der Nachhitze der Pfanne noch etwas ziehen lassen.

5. In einem weiteren kleinen Topf 2 EL Butter aufschäumen lassen, die Misopaste mit einem Schneebesen gut unterrühren und darin kurz rösten. Brotgewürz, Brühe und vorgegarten Emmer hinzufügen und alles einmal aufkochen. Das Mehl mit 25 g weicher Butter verkneten, in den kochenden Risotto rühren und das Ganze damit leicht abbinden. Anschließend vom Herd nehmen und den Risotto noch 5 Minuten durchziehen lassen.

6. Zum Servieren noch so viel kalte Butter in Flocken unter den Risotto rühren, dass er schön cremig wird. Den Risotto auf tiefe Teller verteilen und die Balsamico-Orangen sowie die Kirschtomaten daraufsetzen. Alles großzügig mit der Thymian-Knoblauch-Butter beträufeln und den Hartkäse darüberreiben.

Portwein-Risotto mit Pfefferbirnen, Walnuss und Crunchy Stilton

Für 2 Personen

Für den Risotto:

250 ml Gemüsebrühe
250 ml Rote-Bete-Saft
2 Lorbeerblätter
3–4 Zweige Thymian
2 Schalotten
1 EL Butterschmalz
150 g Risottoreis
200 ml roter Portwein
3–4 EL kalte Butter

Für die Pfefferbirnen:

1–2 Birnen
2 EL Butter
1 TL Mélange Noir (geschroteter schwarzer Pfeffer)
100 g Walnusskerne

Für den Crunchy Stilton:

100 g Parboiled Reis
150 ml Sonnenblumenöl
jeweils etwas Bio-Zitronen- und -Orangenabrieb
200 g Stilton, ungereift, in Lake
Salz

1. Für den Risotto die Brühe mit dem Rote-Bete-Saft in einem Topf mischen, Lorbeer und Thymian dazugeben und alles einmal aufkochen, dann warm halten. Die Schalotten schälen und fein würfeln.

2. In einem Topf das Butterschmalz erhitzen und die Schalotten darin glasig anschwitzen. Den Risottoreis dazugeben und kräftig mit anschwitzen, dabei ab und zu umrühren. Alles mit Portwein ablöschen und einmal aufkochen, dann offen bei mittlerer Hitze langsam garen, bis der Wein fast vollständig eingekocht ist.

3. Alles mit einem großen Schöpfer heißer Rote-Bete-Brühe auffüllen und unter gelegentlichem Rühren erneut langsam einkochen. Diesen Vorgang so lange wiederholen, bis der Risottoreis nach 18–20 Minuten al dente gegart ist. Zuletzt die kalte Butter in Flocken unterrühren, um den Risotto cremig zu binden.

4. Währenddessen die Birnen waschen, in Spalten schneiden und entkernen. In einer Pfanne in der Butter anschwitzen und mit Mélange Noir würzen. Die Walnüsse unterschwenken und kurz mitrösten. Dann vom Herd nehmen.

5. Für den Crunchy Stilton den Parboiled Reis in ein Sieb geben und in einem Topf im heißem Öl kurz frittieren, sodass der Reis aufpufft. Den Puffreis sofort aus dem Fett nehmen, gut auf Küchenpapier abtropfen lassen und mit Orangen- sowie Zitronenabrieb und 1 Prise Salz würzen. Den Stilton aus der Lake nehmen, gut abtropfen lassen, in grobe Stücke brechen und im knusprigen Reis rundum wenden.

6. Zum Servieren den Risotto mittig auf tiefen Tellern anrichten, die Pfefferbirnen samt Walnussbutter darauf verteilen und den knusprigen Stilton dazwischensetzen.

TIPP
Anstelle des ungereiften Stilton könnt ihr auch gut Feta aus der Salzlake oder Tofu nehmen.

Pilz-Nuss-Schnitzel
mit Feldsalat und Sauerrahm

Für 2 Personen

Für die Pilzschnitzel:
100 g Haselnusskerne, geröstet und fein gehackt
100 g Panko (japan. Semmelbrösel)
100 g Mehl
4 Eier (Größe M)
Salz
frisch gemahlener schwarzer Pfeffer
10 große Austernpilze
100 g Butterschmalz

Außerdem:
150 g saure Sahne (Sauerrahm)
Abrieb und Saft von 2 Bio-Zitronen
1 EL Mélange Noir (geschroteter schwarzer Pfeffer)
1–2 Handvoll Feldsalat
je 4 Stängel Estragon und Kerbel, gezupft
Haselnussöl
Haselnusssalz

1. Für die Pilzschnitzel die gehackten Haselnüsse mit dem Panko in einem tiefen Teller mischen, das Mehl in einen weiteren tiefen Teller geben. Die Eier in einer Schüssel verquirlen und mit Salz und Pfeffer würzen.

2. Die Austernpilze putzen und mit einem Küchenpapier abreiben. Zum Panieren erst im Mehl wenden, dann durch die verquirlten Eier ziehen und zuletzt im Nusspanko panieren. In einer Pfanne in reichlich Butterschmalz ausbraten. Herausnehmen und auf Küchenpapier abtropfen lassen.

3. Den Sauerrahm mit Zitronenabrieb und -saft sowie Salz und Mélange Noir abschmecken. Den Feldsalat verlesen, waschen und trocken schleudern, dabei grobe Stiele entfernen. Feldsalat und Kräuter mischen und mit etwas Haselnussöl und Haselnusssalz marinieren.

3. Zum Servieren die gebratenen Austerpilze auf Tellern anrichten und einige Tupfen Zitronen-Pfeffer-Sauerrahm darum verteilen. Den Salat dazusetzen.

TIPP

Haselnusssalz ist ein besonderes Produkt aus Franken, ihr findet es im Onlinehandel (z. B. unter www.franken-genuss.com). Als Ersatz funktioniert natürlich Meersalz.

Kartoffelgulasch
mit Kurkuma und Ingwer

Für 2 Personen

1 Stück frische Kurkuma (2–3 cm)
800 g festkochende Kartoffeln
Salz
4 Schalotten
250 g Cashewkerne
etwas Olivenöl
1 Orange
2 rote Paprikaschoten
1 Stück Ingwer (2 cm)
250 ml Gemüsebrühe
2 EL saure Sahne (Sauerrahm)
3–4 Stängel Koriander
Cayennepfeffer

1. Die Kurkumawurzel schälen und in 3–4 Stücke schneiden (Achtung, sie färbt stark ab!). Die Kartoffeln schälen, waschen und in etwa 1–2 cm große Würfel schneiden. In einem Topf in Salzwasser mit der Kurkuma bei mittlerer Hitze 10–15 Minuten garen, dann 150 g Kartoffeln zum Pürieren herausnehmen. Den Rest noch 2–3 Minuten länger garen, abgießen und kurz ausdampfen lassen, warm halten.

2. Inzwischen die Schalotten schälen, in Ringe schneiden und mit den Cashewkernen in einer beschichteten Pfanne in einem Schuss Olivenöl anbraten, dabei ab und zu schwenken. Vom Herd nehmen.

3. Die Orange filetieren, dazu so großzügig schälen, dass auch die weiße Haut mit entfernt wird. Die Filets zwischen den einzelnen Trennhäuten herausschneiden. Die Paprika halbieren, putzen, mit dem Sparschäler schälen und waschen. Die Paprika in grobe Stücke (Dreiecke) schneiden. In einer weiteren Pfanne in etwas Olivenöl anschwitzen, mit Salz würzen und die Orangenfilets unterschwenken. Vom Herd nehmen, den Ingwer schälen und darüberreiben.

4. Die Brühe in einem kleinen Topf erhitzen. Die abgenommenen Kartoffeln in einen hohen Rührbecher geben und mit der heißen Brühe auffüllen. 1 Schuss Olivenöl und den Sauerrahm dazugeben und alles mit dem Pürierstab cremig aufschäumen.

5. Zum Servieren den Koriander waschen, trocken tupfen und die Blätter abzupfen. Die übrigen gegarten Kartoffeln auf Tellern verteilen und mit der Kartoffelcreme übergießen. Die knusprigen Cashewkerne samt Bratbutter darübergeben und den Paprika-Ingwer-Mix dazwischensetzen. Mit Koriander und 1 kleinen Prise Cayenne bestreuen.

TIPP
Wer frische Kurkumawurzel verwendet, sei vor der intensiven Färbekraft gewarnt!

Spargel & Zuckerschoten

Der Frühling lässt mein kulinarisches Herz höherschlagen. Denn das ist die Zeit von Spargel und Zuckerschoten, die zu viel Hitze nicht vertragen. Spargel – ob weiß oder grün – ist besonders zart mit Biss, und Zuckerschoten haben den gewissen Knack.

SPARGEL

Ich treffe Josef Rehm auf seinem Spargelfeld im Schrobenhauser Land. So weit das Auge reicht, sehe ich lang gestreckte sandige Erddämme. Darunter wächst der weiße Spargel in warmen, lockeren Böden. Bevor der Spargel sich aus seiner geschützten Deckung wagt und das Sonnenlicht erblickt, wird er gestochen. Zum ersten Mal in meinem Leben auch von mir: Ich halte eine glatte weiße Stange mit geschlossenem Kopf in der Hand – frischer geht es nicht. Dann muss das Loch wieder zugedeckt und glatt gestrichen werden. Hat der weiße Spargel schon mal ein bisschen Sonne abbekommen, färbt sich der Kopf leicht rosa. Josef Rehm findet, wenn der Spargel die Sonne sieht, schmeckt er noch ein bisschen intensiver.

Begehrte Delikatesse Spargel hat nur eine kurze Saison, eigentlich von Anfang Mai bis spätestens zum 24. Juni (Johannistag). Durch die Klimaveränderung wird aber fast jedes Jahr eher mit dem Spargelstechen begonnen. Spargel-Liebhaber warten sehnsüchtig auf das edle Gemüse, weshalb die meisten Spargelbauern ihre Felder mit Folie abdecken, unter der sich die Erde schneller erwärmt. Josef Rehm ist kein Freund davon. Er findet, solcher Spargel hat einen schlechteren Geschmack. Wer Spargel auch nach der Saison genießen möchte, kann ihn aber haltbar machen – wie das geht, erfahrt ihr auf S. 45!

Grüner Spargel Grünen Spargel muss man nicht erst lange in der Erde suchen, er wächst oberirdisch und erhält durch das Sonnenlicht zuerst eine violette und dann die grüne Färbung. Josef Rehm liebt die alten Sorten wie die Ariane, die zwar nicht so er-

Noch ganz ursprünglich: Spargel wird von Hand gestochen.

Violetter Spargel

Reifer grüner Spargel

Die jungen Zuckerschoten von Daniel Eibls Feld sind herrlich frisch und knackig.

tragreich sind wie neuere Züchtungen, aber deutlich mehr Aroma bieten. Dieses passt, wie ich finde, hervorragend zur Süße von Himbeeren (S. 46). Die grünen Stangen liefern einen extra Gemüsekick – um den zu erhalten, wird grüner Spargel nur im unteren Drittel geschält, weißer Spargel hingegen von oben nach unten komplett, und bei beiden werden die holzigen Enden abgeschnitten.

ZUCKERSCHOTEN

Um Daniel Eibl aus dem Landshuter Land bei der Zuckerschotenernte zu finden, muss ich ein bisschen übers Feld laufen. Als Erstes pflücke ich eine dicke Schote ab, die aber, wie mir Daniel erklärt, eigentlich schon eine Zuckererbse ist, weil sie beim Abernten übersehen wurde und länger gewachsen ist. Die Faser am Rücken der Frucht ist fester als die bei einer jungen Schote. Diese haben weiche Fasern, die mitgegessen werden können. Überhaupt kann man junge Schoten auch roh essen, wegen ihrer Knackigkeit heißen sie in manchen Gegenden auch Knackerbsen.

Alles von Hand Der junge Bio-Bauer probiert gern mal was Neues aus und hat sich für den Anbau von Zuckerschoten entschieden, weil das nicht jeder Gärtner macht. Denn Zuckerschoten erfordern viel Handarbeit. Nicht so sehr bei der Aufzucht, das Saatgut ist günstig, sagt er, und Zuckerschoten könnte auch jeder bei sich im Garten anbauen. Die Ernte ist die eigentliche Hauptarbeit, weil Zuckerschoten von Hand gepflückt werden, am besten im Frühsommer, bevor es zu heiß wird.

Daniel Eibl isst Zuckerschoten am liebsten, wenn sie im Wok zubereitet werden und noch Biss haben. Das ist die modernste Art, mit der Zuckerschote umzugehen, finde ich. Mit meiner Kreation auf S. 112 kehre ich aber zurück zu den Klassikern.

» Die Zuckerschoten bereite ich ganz altmodisch zu, gerade so, als wenn Paul Bocuse selbst noch mal ums Eck kommen würde. «

HAUPTGERICHTE MIT FISCH

TIPP
Der »Aktivator« bewirkt, dass das Eiweiß im Fisch leicht denaturiert und sich somit die Garzeit verkürzt.

Geflämmter Zander
mit Apfel-Sauerampfer-Salat

Für 2–3 Personen

Für den Fisch:
100 g Salz
20 g Zucker
400 g Zanderfilet (ohne Haut und Gräten)

Außerdem:
2 grünschalige Äpfel
60 ml Apfelessig
Salz
100 ml Rapsöl
2 Handvoll Sauerampfer
2 Schalotten
150 ml Apfelsaft
frisch gemahlener schwarzer Pfeffer
Xanthan (s. Tipp S. 73)
Öl für das Blech

1. Für den »Fisch-Aktivator« in einem Topf 1 l Wasser mit 100 g Salz und 20 g Zucker einmal aufkochen, dann vom Herd nehmen und vollständig abkühlen lassen.

2. Inzwischen für den Salat die Äpfel waschen, vierteln, entkernen und in dünne Streifen schneiden. In einer Schüssel mit einigen Spritzern Apfelessig, 1 kleinen Prise Salz und 1 kleinen Schuss Rapsöl marinieren. Den Sauerampfer waschen, trocken tupfen, ebenfalls in feine Streifen schneiden und unter die Apfelstreifen heben.

3. Für das Dressing die Schalotten schälen, in feine Würfel schneiden und in einem kleinen Topf in wenig Rapsöl glasig anschwitzen. Mit dem übrigen Apfelessig ablöschen und alles einmal aufkochen, dann mit dem Apfelsaft auffüllen und vom Herd nehmen. Das restliche Rapsöl unterrühren und alles mit Salz und Pfeffer abschmecken. Zum Emulgieren 1 große Prise Xanthan mit einem Schneebesen untermischen.

4. Das Zanderfilet waschen, in eine Auflaufform legen und mit dem abgekühlten »Aktivator« übergießen. Je nach Dicke 6–8 Minuten darin marinieren. Anschließend herausnehmen und trocken tupfen. Das »aktivierte« Zanderfilet in fingerdicke Scheiben schneiden, auf einem leicht geölten Backblech oder in einer großen leicht geölten Pfanne verteilen und mit dem Flambierbrenner abflämmen. (An der Oberseite entwickelt der Fisch kräftige Röststoffe, in der Mitte bleibt er glasig.)

5. Zum Servieren den Apfel-Sauerampfer-Salat locker auf Tellern anrichten, die Teller großzügig mit dem Dressing beträufeln und den Zander daraufsetzen.

TIPP
Das Wenden der Pilz-Lachs-Tranchen ist nicht ganz einfach, lohnt sich aber der Optik wegen.

Lachs mit Pilzhaube
auf Spinat und süß-saurem Pilzsud

Für 2–3 Personen

2 Schalotten
200 g Shiitakepilze
2 Kaffir-Limettenblätter
3 Frühlingszwiebeln
1 Schuss Sonnenblumenöl
50 g heller Sesam
2 EL brauner Zucker
100 ml Sojasauce
500 ml Gemüsebrühe
Abrieb und Saft von
2 Bio-Limetten
1 Schuss geröstetes Sesamöl
100 g Egerlinge
(braune Champignons)
150 g junger Spinat
600 g Lachsfilet (Mittelstück, ohne Haut und Gräten)
Salz
50–100 g eisgekühlte Sahne
1 TL Wasabi-Paste

1. Für den Pilzsud die Schalotten schälen und fein würfeln. Die Shiitake putzen, mit einem Küchentuch abreiben, die Stiele entfernen, die Kappen in Streifen schneiden. Die Kaffir-Limettenblätter waschen, trocken tupfen und in feine Streifen schneiden. Frühlingszwiebeln putzen, waschen und in dünne Ringe schneiden.

2. Die Schalotten in einem Topf in wenig Sonnenblumenöl anschwitzen, Shiitake und Sesam dazugeben und kurz mitrösten. Zucker darüberstreuen und hellbraun karamellisieren, Sojasauce und Brühe dazugießen und alles einmal aufkochen. Kaffir-Limettenblätter, Abrieb und Saft der Limetten hinzufügen, alles bei schwacher Hitze langsam köcheln lassen und mit dem Sesamöl abschmecken. Zuletzt die Frühlingszwiebeln in den Sud geben und den Topf vom Herd nehmen, warm halten.

3. Die Egerlinge putzen, mit einem Küchentuch abreiben und in dünne Scheiben schneiden. Spinat verlesen, waschen und trocken tupfen. Fisch waschen und trocken tupfen, aus dem Mittelstück je nach Größe 4–6 Tranchen (etwa so breit wie die Egerlinge) schneiden und beiseitelegen. Die verbleibenden Lachsstücke grob würfeln und in einem hohen Rührbecher mit dem Pürierstab mit 1 Prise Salz, eiskalter Sahne (langsam nach Bedarf zugeben) und Wasabi rasch zu einer cremigfeinen Farce mixen.

4. Die Lachstranchen auf einer Seite gleichmäßig mit der Farce bestreichen und mit den Pilzscheiben leicht überlappend belegen. Dann mit der Pilzseite nach unten in einer großen beschichteten Pfanne in etwas Sonnenblumenöl bei mittlerer Hitze langsam knusprig braun braten. Anschließend wenden und kurz auf der Unterseite braten. Die Herdplatte ausschalten, den Spinat dazugeben und in der Nachhitze der Pfanne kurz zusammenfallen lassen, mit 1 kleinen Prise Salz würzen.

5. Zum Servieren den süß-sauren Pilzsud in tiefen Tellern anrichten und jeweils 2–3 Tranchen gebratenen Lachs hineinsetzen. Den Spinat dazwischenlegen.

Geflämmter Lachs
mit Verjus-Sabayon

Für 2 Personen

50 g Haselnusskerne, geröstet
1 Lauchstange
2 EL Butter
Meersalz (z. B. Fleur de sel)
400 g Lachsfilet (Mittelstück; ohne Haut und Gräten)
1 Schuss Pflanzenöl
Abrieb von 1 Bio-Zitrone
4 Eigelb (Größe M)
200 ml Verjus (oder milder Weißweinessig)
Salz
2 EL Zucker
1 Rispe grüne Weintrauben

1. Die gerösteten Haselnüsse grob hacken. Den Lauch putzen, waschen und nur den weißen bzw. hellen Teil in Ringe schneiden. Den Lauch in einer Pfanne in der Butter auf den Schnittflächen kurz anbraten, die Haselnüsse dazugeben und alles mit 1 Prise Meersalz würzen. Den Lauch nochmals gut durchschwenken und in der Nachhitze der Pfanne kurz ziehen lassen.

2. Das Lachsfilet waschen, trocken tupfen, erst in daumendicke Tranchen und dann diese in große Würfel schneiden. Die Lachswürfel mit etwas Abstand zueinander auf einem leicht geölten Backblech oder in einer leicht geölten Pfanne verteilen und mit der Flamme eines Flambierbrenners kräftig rösten, sodass der Fisch im Innern noch glasig bleibt. (Falls nötig, die Pfanne bei schwacher Hitze ganz kurz erwärmen, damit der Fisch noch leicht gar zieht.) Die geflämmten Lachswürfel mit etwas Öl bestreichen und mit etwas Zitronenabrieb und 1 Prise Meersalz bestreuen.

3. Währenddessen für die Verjus-Sabayon die Eigelbe und den Verjus mit 1 Prise Salz und dem Zucker in eine Metallschüssel geben und alles über dem heißen Wasserbad mit einem großen Schneebesen schaumig aufschlagen. Die Weintrauben waschen, trocken tupfen und in dünne Scheiben schneiden.

4. Zum Servieren die Traubenscheiben leicht überlappend, wie ein Carpaccio, auf Tellern auslegen. Die cremige Sabayon darum herum verteilen, die Lachswürfel in die Sabayon legen und den Lauch samt Haselnuss dazwischensetzen.

TIPP

Verjus ist der Saft aus noch unreifen, grünen Trauben. Er schmeckt leicht säuerlich, aber mild.

Geröstete Forelle
mit Kräuterseitlingen und Salat

Für 2 Personen

400 g Kräuterseitlinge
Salz
2 Schalotten
2 EL Olivenöl, plus mehr für den Fisch
2–3 EL Balsamico-Essig
frisch gemahlener schwarzer Pfeffer
1–2 EL brauner Zucker
2 Forellenfilets (à 180–200 g; ohne Haut und Gräten)
1 Romanasalatherz
2 Stängel Estragon
4 Holzspieße

1. Die Pilze putzen, dazu vom Stiel jeweils das untere Ende abschneiden und die Pilze mit einem Küchentuch abreiben. Anschließend die Pilze je nach Größe halbieren oder vierteln und in eine große beschichtete Pfanne ohne Fett geben. Mit 1 Prise Salz würzen und bei mittlerer Hitze langsam rundum braun braten.

2. Währenddessen die Schalotten schälen, halbieren und in feine Streifen schneiden. Sobald die Pilze braun sind, die Schalotten und 2 EL Olivenöl hinzufügen und unter Rühren etwa 30 Sekunden mit anschwitzen. Mit Essig ablöschen und mit Salz, Pfeffer, braunem Zucker und ggf. noch etwas Essig »süß-sauer« abschmecken.

3. Die Fischfilets waschen und trocken tupfen. Jedes Forellenfilet quer in vier Streifen schneiden und jeweils zwei Streifen so auf einen Holzspieß auffädeln, dass sich die dünnen Bauchseiten überlappen.

4. Anschließend die Spieße mit Salz und Pfeffer würzen und in einer beschichteten Pfanne in wenig Olivenöl bei mittlerer Hitze erst auf einer Seite knusprig anbraten. Dann die Spieße wenden und sehr kurz auf der anderen Seite braten, anschließend aus der Pfanne nehmen.

5. Vom Romanasalatherz die äußeren Blätter entfernen, den Salat in die einzelnen Blätter teilen, waschen und trocken schleudern. Den Estragon waschen, trocken tupfen und die Blätter abzupfen.

6. Zum Servieren die Salatblätter auf Tellern anrichten und die süß-sauren Pilze darum verteilen, dabei etwas Sud über den Salat träufeln. Je 2 Forellenspieße daraufsetzen und mit Estragon garnieren.

TIPP
Wenn man das dicke Ende des Zitronengrasstängels leicht platt klopft, gibt es mehr Aroma ab.

Karpfenfilet im Tempurateig
mit Sellerie-Sesam-Salat

Für 2 Personen

½ Sellerieknolle
1 Stängel Zitronengras
1 kleine rote Chili
Salz
1 Stück Ingwer (2 cm)
Abrieb und Saft von
1 Bio-Zitrone
3–4 EL geröstetes Sesamöl
5 EL Mehl
4 EL Speisestärke
Backpulver
etwas Mineralwasser
(mit Kohlensäure)
300 g Karpfenfilet
(mit Haut, geschröpft)
reichlich Butterschmalz zum
Frittieren

1. Den Sellerie putzen, schälen und in feine Streifen schneiden oder auf der Gemüsereibe hobeln. Das Zitronengras putzen und das Ende des Stängels mit einem Messerrücken platt klopfen. Die Chili waschen und längs einritzen. In einem Topf reichlich Salzwasser aufkochen, Zitronengras und Selleriestreifen dazugeben und alles nochmals aufkochen. Die Chili hinzufügen und darin kurz ziehen lassen. Dann den Sellerie durch ein Sieb gießen und abtropfen lassen, dabei Zitronengras sowie Chili wieder entfernen.

2. Für das Dressing den Ingwer schälen, fein reiben und mit etwas Zitronenabrieb, einigen Spritzern Zitronensaft und geröstetem Sesamöl gut mischen. Das Dressing mit etwas Salz abschmecken und unter den Sellerie heben. Den Salat etwa 30 Minuten ziehen lassen.

3. Währenddessen für den Tempura-Teig in einer Rührschüssel 4 EL Mehl mit Speisestärke, 1 Prise Backpulver sowie Salz mischen und so viel Mineralwasser mit einem Schneebesen unterrühren, bis der Teig die Konsistenz einer dickeren Kartoffelsuppe hat.

4. Die Karpfenfilets (samt Haut) waschen, trocken tupfen und in etwa 1 cm breite Streifen schneiden. Die Fischstücke mit 1 kleinen Prise Salz würzen, leicht mit dem restlichen Mehl bestäuben, durch den Tempura-Teig ziehen und in einem Topf im Butterschmalz schwimmend frittieren. Anschließend herausnehmen und auf Küchenpapier abtropfen lassen. Zum Servieren den Salat mit den Karpfenstreifen auf Tellern anrichten. Nach Belieben Bio-Zitronenspalten dazu reichen.

TIPP

Schröpfen dient dazu, grobe Gräten vor dem Garen zu durchtrennen. Dabei wird der Fisch von außen in regelmäßigen Abständen alle 3–4 mm eingeschnitten.

Kabeljau Stroganoff
mit Rote-Bete-Ragout und Meerrettich

Für 2 Personen

1 EL Senfkörner
Salz
2–3 eingelegte Essiggurken (ca. 250 g; mit ca. 100 ml Einlegewasser)
2 gegarte Rote Bete (vakuumverpackt)
500 ml Rote-Bete-Saft
400 g Kabeljau-Loins (Rückenfilets, ohne Haut und Gräten)
4 EL Butter
gemahlener Kümmel
2 Schalotten
1 EL Speisestärke
3 EL kalte Rote-Bete-Butter (z. B. von ButterBoyz; oder normale Butter)
2 Stängel Dill
2–3 EL saure Sahne (Sauerrahm)
2 EL geraspelter Meerrettich

1. Für die Rote Bete die Senfkörner in einem kleinen Topf in etwas Salzwasser etwa 10 Minuten weich köcheln. Anschließend in ein Sieb gießen, kalt abbrausen und abtropfen lassen. Die Essiggurken und die Roten Beten (Achtung, sie färben stark ab!) in feine Streifen schneiden. Den Rote-Bete-Saft in einem Topf bei mittlerer Hitze um die Hälfte einkochen.

2. Inzwischen den Fisch waschen und trocken tupfen. Die Butter in einem kleinen Topf schmelzen, einen Teller mit der Butter bestreichen und den Kabeljau darauflegen. Mit Salz würzen und großzügig mit der restlichen flüssigen Butter bestreichen. Den Fisch mit 1 Prise Kümmel bestreuen und den Teller straff mit hitzefester Frischhaltefolie abdecken. Dann im Backofen bei 85 °C (Umluft) auf der mittleren Schiene 10–15 Minuten langsam glasig garen.

3. Währenddessen die Schalotten schälen, fein würfeln und mit etwa 100 ml Gurkeneinlegewasser und den vorbereiteten Senfkörnern zum eingekochten Rote-Bete-Saft geben. Alles einmal aufkochen, mit Salz abschmecken und mit der in kaltem Wasser angerührten Stärke leicht abbinden. Dann die Rote-Bete-Butter mit einem Schneebesen rasch unterrühren, Rote-Bete- und Essiggurkenstreifen unterheben und in der Sauce ziehen lassen.

4. Zum Servieren den Dill waschen, trocken tupfen und die Spitzen abzupfen. Den gegarten Kabeljau aus dem Ofen nehmen, auf der Oberseite großzügig mit Sauerrahm bestreichen und mit Meerrettich und Dillspitzen bestreuen. Das »Stroganoff-Ragout« auf tiefe Teller verteilen, den Kabeljau daraufsetzen und mit übriger Kümmelbutter (vom Fischteller) beträufeln.

TIPP
Wer Bœuf Stroganoff liebt, sollte mal meine fränkische Variante versuchen!

Pilze, Wildkräuter & Lindenblätter

Überall in Bayern treffe ich auf Menschen, die sich mit Herzblut und Hingabe pflanzlichen Lebensmitteln widmen. Diese drei hier klingen so, als könnte man sie auf einem Waldspaziergang entdecken – aber wie ich erfahre, steckt da viel mehr dahinter!

PILZE

Eigentlich dachte ich, dass ich bei Pilzen schon alles gesehen habe, aber bei Franz Ulrich in der Hallertau lerne ich noch dazu. Nämlich dass der eigentliche Pilz das Myzel, also das Wurzelgeflecht, ist und das, was oben rauswächst, »nur« der Fruchtkörper. Pilze enthalten kein Chlorophyll, brauchen deshalb keine Fotosynthese und können auch im Dunklen wachsen. Bei Franz Ulrich gedeihen sie am besten auf selbst gezogenem Substrat.

Übrigens, falls ihr euch auch mal gefragt habt: Ja, der braune Champignon und der Egerling sind derselbe Pilz. Egerling ist einfach die bayerische Bezeichnung, erklärt Franz Ulrich.

Schätze aus dem Bierkeller Weil der alte Bierkeller nicht geheizt oder gekühlt wird, ist der Shiitakepilz von Franz Ulrich deutlich größer und fleischiger als der herkömmliche. Je langsamer er wächst, desto mehr Fruchtfleisch, sagt er. Shiitake ist nicht vergleichbar mit anderen Pilzen. Würde man den Shiitake roh essen, bliebe der ganz eigene, intensive Geschmack zwei Stunden auf der Zunge. Dann hat Franz Ulrich noch eine Überraschung für mich parat: den Pom-Pom. Diese Rarität kommt aus Japan und sieht aus wie ein Blumenkohl. Bei diesem Angebot an Pilzen fällt mir die Auswahl schwer, und ich muss erst mal in mich gehen. Aber am Ende nehme ich die Shiitakepilze mit in meine Studioküche (S. 91).

Shiitake ist nur einer von den vielen Pilzen, die Franz Ulrich in seinem Bierkeller anbaut.

Lind ist ein altes Wort für »weich« … und genau das sind die jungen Lindenblätter, weiß Hannelore Mack.

WILDKRÄUTER

Wenn die Kräuterpädagogin Hannelore Mack über Wildkräuter spricht, fangen ihre Augen zu leuchten an. Ich spaziere mit ihr im Regen in Dinkelsbühl durch den naturbelassenen »Arche-Noah-Garten«, in dem die Kräuter einfach wachsen dürfen. Hannelore findet Spitzwegerich sehr wertvoll. Er sieht aus wie eine Lanze, sein lateinischer Name lautet deshalb *Plantago lanceolata*. In der Heilkunde wird er als Hustensaft verwendet. Mich beeindruckt sein Wahnsinns-Pilzaroma. Hannelore schwärmt noch mehr für das Labkraut aus der Familie der Rötegewächse – zu dieser Familie gehört auch der Kaffee, und Labkraut wirkt ähnlich belebend.

» Leichte Bitternoten, Säure, aber vor allem tiefe Aromatik sind die Kennzeichen von Wildkräutern. «

Ich probiere mich so durch im Kräutergarten und lasse mich von Hannelores Eifer und Schwung mitreißen. Hängen bleibe ich dann beim Sauerampfer, gut erkennbar an seinen zwei »Zipferln« am Blattende, mit seinem sauren, frischen Geschmack: Wozu er mich inspiriert? Blättert doch mal auf S. 89! Aber Achtung, er sollte nicht mit seinem großen Bruder, dem Ackerampfer, verwechselt werden, der ungenießbar ist.

LINDENBLÄTTER

Hannelore Mack weiß nicht nur viel über Wildkräuter, sie hat mich auch über die Vorzüge von Lindenblättern aufgeklärt. Es regnet mal wieder, als sie mir erzählt, was alles Gutes in Lindenblättern steckt: Wenn man es gut kaut, dann bildet sich eine Art Schleim, der heilsam ist bei Husten und Magen-Darm-Problemen.

Zarte Blättchen Im Mai sind die Lindenblätter besonders schön grün und zart. Dann empfiehlt Hannelore Mack, sie statt einem Salatblatt in ein Sandwich einzubauen. Ich lasse mir für das Lindenblatt kulinarisch etwas anderes einfallen, nämlich einen aufgeschäumten Lindenblattsud, der hervorragend zu Quarkklößchen und Meerrettichzwiebeln passt (S. 66).

» Mit Lindenblättern habe ich noch nie was gemacht, aber dafür ist ›Aufgegabelt‹ da. «

HAUPTGERICHTE MIT GEFLÜGEL

Gänsefleisch-Pflanzerl
mit Steckrübenpüree

Für 2 Personen

100 g altbackenes Weißbrot (vom Vortag)
2 Schalotten
3 EL Butter
115 ml Milch
250 g Gänsehackfleisch (aus dem Schenkel)
1 Ei (Größe M)
Salz
frisch gemahlener schwarzer Pfeffer
1–2 EL Semmelbrösel
etwas Öl zum Braten
Abrieb von 1 Bio-Zitrone
¼ Bund Thymian, fein gehackt
10 Macadamianusskerne
500 g Steckrüben
150 g Sahne
6 Zwiebeln
100 ml weißer Balsamico-Essig
1 EL Zucker

1. Für die Pflanzerl das Brot in dünne Scheiben schneiden und in eine Schüssel geben. Die Schalotten schälen, fein würfeln und in einer Pfanne in 1 EL Butter anschwitzen. Mit Milch ablöschen und alles locker unter das Brot mischen. Dann Hackfleisch und Ei dazugeben und gründlich untermengen, die Masse salzen und pfeffern. Falls nötig, etwas Semmelbrösel einarbeiten.

2. Aus der Hackmasse mit angefeuchteten Händen etwa 6 kleine Pflanzerl formen und in einer großen Pfanne in etwas Pflanzenöl bei schwacher Hitze rundum anbraten. Anschließend die Temperatur langsam erhöhen, Zitronenabrieb, etwas Thymian und übrige Butter (2 EL) dazugeben und aufschäumen.

3. Dann die Hitze abschalten und die Pflanzerl zugedeckt im aufsteigenden Dampf der Butter garziehen lassen. Zuletzt die Pflanzerl offen bei starker Hitze noch so lange braten, bis der Bratsud vollständig eingekocht ist und die Pflanzerl außen knusprig sind.

4. Währenddessen die Macadamianüsse in einer Auflaufform verteilen und im Backofen bei 160 °C (Umluft) 10–12 Minuten rösten. Herausnehmen und abkühlen lassen, dann fein mahlen.

5. Die Steckrüben putzen, schälen, grob würfeln und in einem Topf in Salzwasser 15–20 Minuten weich garen. Abgießen, die Sahne dazugießen und etwas einkochen, alles im Topf mit dem Pürierstab fein mixen.

6. Zum Servieren die Zwiebeln schälen, in Ringe schneiden und in einer kleinen Pfanne in etwas Öl anschwitzen. Mit dem Essig ablöschen und mit übrigem Thymian und Zucker abschmecken. Das Steckrübenpüree auf Teller verteilen, die Pflanzerl daraufsetzen, mit Zwiebeln und Macadamianüssen bestreuen.

Lauwarm marinierte Entenbrust
mit Granatapfel und Kakaobohnen

Für 2 Personen

---

1 Granatapfel
1–2 rote Zwiebeln
2 EL Olivenöl
brauner Zucker
150 ml Apfelsaft
150 ml Gemüsebrühe
Abrieb und Saft
 von 2 Bio-Limetten
½ Bund Knoblauch-Schnittlauch
 (Schnittknoblauch; oder
 Schnittlauch), fein gehackt
Meersalz (z. B. Fleur de sel)
2 Barbarie-Entenbrustfilets
 (à ca. 250 g; mit Haut)
50 g Kakaobohnen
Chiliflocken

1. Den Granatapfel quer halbieren und die Kerne herausklopfen. (Achtung, die Kerne färben stark ab! Den Granatapfel am besten in einer Schüssel unter Wasser öffnen.) Die Zwiebeln schälen und fein würfeln.

2. In einem kleinen Topf 1 Schuss Olivenöl erhitzen und die Zwiebeln darin glasig anschwitzen. 1 Prise braunen Zucker dazugeben, kurz karamellisieren und mit dem Apfelsaft ablöschen. Die Brühe dazugießen und etwas einkochen, vom Herd nehmen und mit Limettenabrieb und -saft abschmecken. Granatapfelkerne und Schnittknoblauch einrühren, dann die Vinaigrette mit etwas Meersalz würzen und ziehen lassen.

3. Den Backofen auf 100 °C (Ober-/Unterhitze) vorheizen. Die Entenbrustfilets waschen, trocken tupfen und die Haut mit einem scharfen Messer oder Skalpell rautenförmig einritzen. Die Filets rundum mit Meersalz würzen und auf der Hautseite in eine noch kalte Pfanne legen. Die Herdplatte auf voller Leistung einschalten und das Fett aus der Entenhaut langsam ausbraten. Anschließend wenden und die Fleischseite kurz anbraten, dann im Ofen auf dem Ofengitter mit einem Blech darunter auf der mittleren Schiene 20–30 Minuten rosa garen (Kerntemperatur ca. 60 °C).

4. Die Entenbrustfilets herausnehmen, nochmals auf der Hautseite in der Pfanne knusprig braten. Herausnehmen und mit der Hautseite nach oben 5–10 Minuten ruhen lassen.

5. Inzwischen die Kakaobohnen grob hacken und in der Pfanne im übrigen Olivenöl leicht erhitzen. Mit 1 Prise Chiliflocken würzen.

6. Zum Servieren die Filets längs halbieren. Reichlich Granatapfel-Vinaigrette auf tiefen Tellern verteilen und die Filets darauf anrichten. Mit 1 Prise Meersalz würzen und mit dem Kakaobohnen-Crunch samt Öl beträufeln.

TIPP
Wer mag, nimmt statt der Kakaobohnen einfach Kakao-Nibs – geschälte, zerkleinerte Kakaobohnen.

Wiesen-Schnitzel vom Perlhuhn
mit Sonnenblumenkern-Kartoffeln

Für 2 Personen

300 g kleine Kartoffeln (z. B. La Ratte oder Bamberger Hörnla)
Meersalz (z. B. Fleur de sel)
3 EL Sonnenblumenkerne
3 EL Sonnenblumenöl
4 Scheiben Toastbrot
½ Bund Petersilie
½ Bund Estragon
4 Blätter Sauerampfer
4 Stängel Borretsch
1 TL Fenchelsamen
2 Eier (Größe M)
150 g Mehl
2 Perlhuhnbrustfilets (à ca. 180 g; mit Haut)
100 g Butterschmalz
100 g Crème fraîche
1 Zitrone

1. Die Kartoffeln schälen, waschen und in einem Topf in Salzwasser zugedeckt bei schwacher Hitze 15–20 Minuten weich garen. Inzwischen die Sonnenblumenkerne grob mixen und in einer beschichteten Pfanne im Sonnenblumenöl unter Wenden rösten. Die Kartoffeln abgießen und ausdampfen lassen. Zum Servieren in den Sonnenblumenkernen schwenken.

2. Das Toastbrot entrinden und grob würfeln. Die Kräuter waschen, trocken tupfen und grob hacken. Dann mit 1 Prise Salz und dem Toastbrot im Mixer zügig zu Bröseln mixen und in eine Auflaufform füllen. Die Fenchelsamen in einer kleinen Pfanne ohne Fett leicht rösten, danach im Mörser fein zerreiben. In einem tiefen Teller mit 1 großen Prise Salz und den Eiern gründlich verquirlen. Das Mehl in einen weiteren tiefen Teller geben.

3. Die Perlhuhnbrustfilets waschen und trocken tupfen, die Haut abziehen und beiseitelegen, jedes Filet schräg in 3–4 Medaillons schneiden. Die Fleischstücke nacheinander nur auf einer Seite mit Mehl, Eiern und den Kräuterbröseln panieren (s. S. 81). Danach auf der panierten Seite in einer großen Pfanne im Butterschmalz bei mittlerer Hitze braten. Dann die Oberseiten mit Salz würzen und die Fleischstücke wenden. Die Unterseiten nur 1–2 Minuten braten, das Fleisch aus der Pfanne nehmen und auf Küchenpapier abtropfen lassen.

4. Zum Servieren die Crème fraîche mit 1 Prise Salz mischen. Die Zitrone schälen, filetieren (s. S. 71) und in einer Pfanne mit dem Flambierbrenner kurz abflämmen. Die Kartoffeln mit der Perlhuhnbrust auf Tellern anrichten, einige Tupfer Crème fraîche darum herum verteilen und die Zitronenfilets dazwischenlegen.

Gebratene Hendlkeulen
mit Chinakohl und Gewürzbutter

Für 4 Personen

6 Hähnchenschenkel (mit oder ohne Knochen)
Salz
doppelgriffiges Mehl zum Mehlieren der Haut
1 EL Butterschmalz
6 EL Butter
½ Bund Thymian
1 weiße Zwiebel
1 Knoblauchzehe
1 TL Paprikapulver edelsüß
1 Msp. Cayennepfeffer
1 Msp. gemahlener Kümmel
1 Chinakohl
etwas Pflanzenöl
Saft von 2 Bio-Zitronen
2 EL heller Sesam, geröstet
4 Stängel Petersilie, fein gehackt
150 g Joghurt
frisch gemahlener schwarzer Pfeffer

1. Die Hähnchenschenkel auslösen, waschen und trocken tupfen. Das Fleisch leicht mit Salz würzen und auf der Hautseite nebeneinander in eine große flache Auflaufform oder auf ein Backblech legen. Mit hitzefester Frischhaltefolie straff abdecken und im Ofen bei 80 °C (Umluft) etwa 1 Stunde vorgaren. Wer die Schenkel lieber mit Knochen zubereiten möchte, sollte sie etwa 20 Minuten länger im Ofen garen. Anschließend herausnehmen und abkühlen lassen.

2. Zum Fertiggaren die Haut der Hähnchenschenkel mit doppelgriffigem Mehl bestäuben. Die Schenkel auf der Hautseite in einer Pfanne im Butterschmalz knusprig braten. Schenkel mit Knochen mehrmals wenden, damit die Haut rundherum schön knusprig wird. Dann wenden, 2 EL Butter und Thymianzweige dazugeben, die Butter aufschäumen lassen und die Schenkel darin fertiggaren. Herausnehmen und kurz auf Küchenpapier abtropfen lassen, die Schenkel jeweils halbieren.

3. Für die Gewürzbutter die Zwiebel schälen, fein würfeln und in einer kleinen Pfanne in der übrigen Butter (4 EL) hell anschwitzen. Die angedrückte Knoblauchzehe dazugeben und alles mit Paprika, Cayenne, Kümmel und 1 Prise Salz würzen, warm halten.

4. Den Chinakohl putzen, längs halbieren, waschen und trocken schütteln. Dann von der Spitze her in dünne Streifen schneiden, dabei immer dünner werden, je weiter man in Richtung Strunk kommt. Anschließend in einer Pfanne in wenig Öl bei starker Hitze rasch anschwitzen, mit Salz und Zitronensaft würzen und Sesam und Petersilie dazugeben.

5. Zum Servieren den Joghurt mit 1 Prise Salz verrühren. Den Chinakohl mittig auf Tellern anrichten und je 3 halbe Hähnchenschenkel darauflegen. Alles mit der Gewürzbutter beträufeln und einige Kleckse Joghurt dazwischensetzen, mit Pfeffer würzen.

TIPP
Wer Innereien mag, kann auch Geflügelleber und -herzen in der schäumenden Butter mitgaren.

Hühnerfrikassee
nach Paul Bocuse 2.0

Für 3–4 Personen

4 Hähnchenschenkel (à 300–350 g; mit Knochen)
Salz
2 Zwiebeln
2 Karotten
1 Lauchstange
200 ml Weißwein
2 Lorbeerblätter
1 TL Pfefferkörner
160 g Butter
75 ml Rapsöl
150 g Panko (japan. Semmelbrösel)
½ TL Quatre-épices (Pastetengewürz)
Abrieb und Saft von 1 Bio-Zitrone
200 g Champignons
200 g Zuckerschoten
50 g Mehl
2 EL Crème fraîche
3–4 Stängel Kerbel

1. Die Hähnchenschenkel waschen, mit Salz würzen und in einen großen Topf legen. Zwiebeln, Karotten und Lauch putzen und schälen bzw. waschen, grob würfeln und hinzufügen. Wein, Lorbeer und Pfefferkörner dazugeben, alles mit Wasser auffüllen und zugedeckt bei mittlerer Hitze etwa 1 Stunde garen. Dabei ab und zu umrühren und den sich bildenden Schaum abschöpfen.

2. Anschließend die Schenkel herausnehmen, etwas abkühlen lassen, die Haut abziehen und das Fleisch von den Knochen zupfen. Die Brühe durch ein Sieb passieren und auffangen. Die Haut in feine Streifen schneiden und in einer Pfanne in 3 EL Butter und dem Rapsöl bei schwacher bis mittlerer Hitze langsam braten. Das Panko dazugeben und alles mit Salz, Quatre-épices und Zitronenabrieb würzen. Zuletzt das gezupfte Hähnchenfleisch untermischen.

3. Die Pilze putzen, mit einem Küchentuch abreiben und die Stielenden entfernen. Je nach Größe vierteln bzw. sechsteln. Die Zuckerschoten putzen, waschen und entfädeln. Die Pilze in einem kleinen Topf in 2 EL Butter glasig anschwitzen. 500–600 ml aufgefangene Hühnerbrühe dazugießen und alles aufkochen.

4. Das Mehl mit 50 g weicher Butter verkneten und die kochende Sauce damit leicht sämig abbinden (s. Tipp S. 76). Dann die Zuckerschoten dazugeben und alles einmal aufkochen. Die Crème fraîche einrühren und alles mit Salz und einigen Spritzern Zitronensaft abschmecken.

5. Zum Servieren das Frikassee durch ein Sieb passieren, dabei das aufgefangene Gemüse mittig auf tiefen Tellern anrichten, die Sauce mit dem Pürierstab im Topf aufschäumen und um das Gemüse verteilen. Die Hähnchenstücke samt Haut und knusprigen Pankobröseln daraufsetzen und alles mit Kerbel garnieren.

Mozzarella, Grillkäse & Leberkäse

Das ist nicht alles (h)ausgemachter Käse, um den es hier geht. Der Leberkäse heißt nur so, da ist in Bayern weder Leber noch Käse drin. Woher der Name kommt, ist nicht endgültig geklärt, vermutlich aber vom bayerischen »Loab«, also Laib, und »Käs« oder »Kas« für eine essbare Masse.

MOZZARELLA

Ich bin bei Tino Pellizzeri in seiner Mozzarella-Manufaktur in München zu Gast. Tino macht hier quasi einen regionalen Mozzarella aus heimischer Milch und Münchner Wasser. Sein aus Cagliata, einem pasteurisierten Labkäse aus Kuhmilch, hergestellter Mozzarella ist nicht zu vergleichen mit Mozzarella aus Italien – und soll es auch nicht sein, finde ich!

» Jetzt geht es mal um mich, um meine Leidenschaft für Mozzarella. «

Herrlich schmeckt er auf jeden Fall – bei meiner Kreation (S. 53) zeigt er sich von der orientalischen Seite!

So geht's Erst wird die Cagliata klein gezupft und dann mit 85 bis 90 °C heißem Wasser und Salz gekocht. Durch das Umrühren entsteht eine weiche elastische Masse. Daraus muss ich jetzt Nodini, also Knoten formen. Denn Mozzarella muss nicht immer aussehen wie eine Kugel! Und ich erfahre auch noch, was Burrata ist. Nämlich Mozzarella, innen gefüllt mit Stracciatella-Creme – hier ist nicht das Eis gemeint, sondern zerrissener Mozzarella (*stracciato* = zerrissen), mit Sahne und Salz gemischt.

GRILLKÄSE

Ich besuche die junge Käserin Anna Shchurova in Mittelfranken, die mir erklärt, wie sie ihren Käse herstellt. Zuerst einmal wer-

Der Käse von Tino Pellizzeri hat die perfekte Konsistenz.

Nodini

Bocconcini

Erst machen Anna Shchurova und ich gemeinsam Käse, dann wird er direkt verkostet. Sensationell!

den die Kühe natürlich gemolken, dann wird die Milch eingelabt. Der Käsebruch kommt in eine spezielle runde, löchrige Form, damit die Molke herausläuft. Drei Stunden bleibt der Käse stehen und wird dabei immer wieder von Anna gedreht. Dann wird er in Scheiben geschnitten.

Damit aus Frischkäse Grillkäse wird, der beim Braten nicht in der Pfanne zerläuft, kommen die Käsescheiben noch mal bei 80 bis 90 °C in Molke. Dabei verliert der Käse Flüssigkeit. Zum Schluss wird der fertige Grillkäse noch mit Bärlauch bestreut und ist bereit, verarbeitet zu werden! Auf S. 72 erfahrt ihr, was für ein spannendes Gericht ich daraus gemacht habe.

» Ich mag Käse, wenn er zart und fein und rein ist. Aber nichts, was stinkt. «

LEBERKÄSE

Wie Leberkäse eigentlich hergestellt wird, lerne ich bei Sophie Braumiller aus dem Brucker Land. Die junge Metzgerin, sie hat schon mit 21 ihren Meister gemacht, arbeitet auf dem elterlichen Betrieb, der für seine Charolais-Rinder bekannt ist. Ich helfe ihr, die Fleischabschnitte in die Maschine zu füllen. Im ersten Gang wird aus gleichen Teilen von Rind und Schwein die Grundmasse für den Leberkäse zu gemischtem Hackfleisch durchgedreht. Das ist die gleiche Masse, wie sie für Fleischpflanzerl verwendet wird. Im zweiten Gang wird dann Speck von der Maschine durchgedreht. Das Fleisch sorgt für eine gute Bindung und der Speck für die Lockerheit. Das perfekte Verhältnis ist 50 % Fleisch und 30 % Speck. Im dritten Gang wird alles vermischt: Zuerst wird alles mit Salz, Pfeffer und diversen anderen Zutaten gewürzt, dann kommt immer wieder Eis dazu. Damit wird das Fleisch durchgehend auf 4 °C gekühlt, die beste Temperatur für die Eiweißbindung.

» Und wenn ihr euch jetzt fragt: ›Was macht'n der feine Herr Sternekoch nachher mit Leberkäsbrät im Studio?‹, dann blättert direkt auf S. 135! «

Ist alles zu einer homogenen Masse verarbeitet, geht es ans Brätabfüllen. Und zwar in unterschiedlich große Aluminiumförmchen, in denen der Leberkäse später im Backofen gegart wird. Das richtige Portionieren von Leberkäsbrät lernt man bei der Metzer-Ausbildung im ersten Lehrjahr, verrät Sophie Braumiller. Und ich finde, das sieht auch bei mir schon ganz ordentlich aus. Den fertigen Leberkäse kann man dann in dickeren Scheiben oder als feinen Aufschnitt beim Metzger kaufen. Oder sogar noch roh zum Selbst-Aufbacken.

HAUPTGERICHTE MIT FLEISCH

Flank-Steak
mit Knoblauchbaguette und Kräuterbutter

Für 2–3 Personen

1 Knoblauchknolle
80 ml Olivenöl, plus mehr für die Zwiebel
Meersalz (z. B. Fleur de sel)
etwas Bio-Zitronenabrieb
je ½ Bund Petersilie, Kerbel und Estragon
250 g weiche Butter
1 Flank-Steak (ca. 400 g)
2 EL Butterschmalz
1 rote Zwiebel
½ Baguette
1 EL brauner Zucker
50 ml gereifter Balsamico-Essig
Chiliflocken

1. Den Backofen auf 180 °C (Ober-/Unterhitze) vorheizen. Die Knoblauchzehen vereinzeln, nicht schälen und in einer Auflaufform mit 1 großen Schuss Olivenöl beträufeln. Dann im Ofen auf der mittleren Schiene 30–40 Minuten schmoren. Herausnehmen und etwas abkühlen lassen. Die Wurzelenden der Zehen abschneiden, die Zehen aus der Schale lösen und in einem hohen Rührbecher nach und nach mit dem restlichen Olivenöl sämig mixen. Mit Salz und Zitronenabrieb würzen.

2. Inzwischen die Kräuter waschen, trocken tupfen und samt dünnen Stängeln fein hacken. Die weiche Butter mit 1 Prise Salz und den Kräutern luftig aufschlagen. Dann etwa 2 cm hoch in eine kleine, mit Backpapier ausgelegte Auflaufform streichen und im Kühlschrank fest werden lassen.

3. Das Steak eventuell etwas zuschneiden, salzen und kurz ziehen lassen. Dann in einer großen beschichteten Pfanne im Butterschmalz bei starker Hitze auf beiden Seiten je nach Dicke 2–3 Minuten kräftig rösten. Herausnehmen und kurz ruhen lassen, das Fett aus der Pfanne abgießen. Dann das Steak in der Pfanne ohne Fett nochmals rösten. Danach aus der Pfanne nehmen und etwas ruhen lassen.

4. Währenddessen die Zwiebel schälen, halbieren und in feine Streifen schneiden. Baguette schräg in fingerdicke Scheiben schneiden und in einer Pfanne ohne Fett auf jeder Seite kurz rösten. Dann die Zwiebel in der Pfanne in 1 kleinen Schuss Olivenöl anbraten, mit Zucker bestreuen und karamellisieren lassen. Mit Essig ablöschen, mit 1 Prise Chiliflocken würzen, alles nochmals gut durchschwenken und vom Herd nehmen.

5. Zum Servieren die Baguettescheiben mit der Knoblauchcreme bestreichen und auf Teller legen. Das Steak gegen die Faser aufschneiden, danebensetzen und mit Meersalz und Chiliflocken bestreuen. Die Zwiebeln und je 1 große Nocke Kräuterbutter auf das Fleisch setzen.

Texas Longhorn Burger
mit selbst gebackenen Buns

Für 2 Personen

Für die Burger-Brötchen:
200 ml Milch, 20 g Zucker
2 Päckchen Trockenhefe
540 g Mehl, 10 g Salz
3 Eier (Größe M)
60 g weiche Butter
1 Eiweiß, 2 EL heller Sesam

Außerdem:
4 Rindfleisch-Pattys (z. B. vom Texas-Longhorn; oder andere Rindfleisch-Pattys, à ca. 125 g)
Salz, 2 EL Butter
1 EL Wacholderbeeren, angedrückt
1 Zimtstange
1 kleine rote Zwiebel
1 kleine weiße Zwiebel
1 Schuss Olivenöl, plus mehr für die Tomate
1 EL brauner Zucker
80 ml Brühe
1 Schuss Balsamico-Essig
1 EL flüssiger Honig
1 Ochsenherztomate
1 Prise Cayennepfeffer
1 Handvoll Feldsalat (oder junger Spinat oder Blutampfer)
3–4 EL Mayonnaise (s. S. 18)

1. Für die Brötchen Milch und Zucker lauwarm erwärmen, dann die Hefe dazugeben. 100 g Mehl dazugeben und alles verrühren, Vorteig abgedeckt an einem warmen Ort etwa 10 Minuten gehen lassen. Anschließend übrige Zutaten – bis auf Eiweiß und Sesam – mit den Knethaken der Küchenmaschine etwa 10 Minuten unterkneten. Den Teig im Kühlschrank abgedeckt etwa 3 Stunden gehen lassen.

2. Den Teig in Portionen (à 80–100 g) teilen und jede Teigportion zu einem Bun abdrehen, mit etwas Abstand zueinander auf ein mit Backpapier belegtes Backblech legen und abgedeckt nochmals etwa 30 Minuten gehen lassen. Den Backofen auf 180 °C (Ober-/Unterhitze) vorheizen. Die Brötchen mit Eiweiß bestreichen und mit Sesam bestreuen. Dann im Ofen auf der mittleren Schiene 8–10 Minuten (je nach Größe) backen, herausnehmen und auf einem Kuchengitter abkühlen lassen.

3. Die Pattys in einer beschichteten heißen Pfanne ohne Fett auf einer Seite angrillen, dann wenden, salzen und Butter, Wacholder und Zimt dazugeben. Die Butter aufschäumen lassen, die Pattys vom Herd nehmen und zugedeckt in der Nachhitze der Pfanne ziehen lassen.

4. Die Zwiebeln schälen, halbieren und in Streifen schneiden. In einer Pfanne im Olivenöl anschwenken, mit Zucker bestreuen und karamellisieren. Brühe dazugießen und einkochen, mit Essig, Honig und Salz abschmecken. Die Tomate waschen und 2 fingerdicke Scheiben herausschneiden (Rest anderweitig verwenden), mit Salz und Cayennepfeffer würzen und mit Olivenöl beträufeln. Den Feldsalat verlesen, waschen und trocken schleudern.

5. Zum Servieren die Brötchen quer halbieren und mit Mayonnaise bestreichen. Mit Salat, beiden Pattys, der Tomatenscheibe und Zwiebeln zu Burgern schichten.

TIPP
Übrige Buns lassen sich sehr gut einfrieren. Zum Servieren auftauen und kurz im Toaster rösten.

Steak and Fries
mit Sesam-Mayonnaise und Salat

Für 2 Personen

---

600 g große festkochende Kartoffeln
150 g Butterschmalz
250 g Wagyu-Oberschale (oder ein anderes Steakfleisch)
Meersalz (z. B. Fleur de sel)
1–2 Romanasalatherzen
1 EL heller Sesam
Chiliflocken
1 Schuss Pflanzenöl (z. B. Sonnenblumenöl)
Abrieb und Saft von 1 Bio-Limette
1 sehr frisches Eigelb (Größe M)
1 sehr frisches Ei (Größe M)
1 EL mittelscharfer Senf
20 ml helle Sojasauce
20 ml geröstetes Sesamöl
100 ml Sonnenblumenöl
100 ml Rapsöl

1. Für die Fries die Kartoffeln schälen, etwa 1 cm groß würfeln und in kaltem Wasser etwa 10 Minuten einlegen, damit sich die Stärke aus den Kartoffeln löst.

2. Anschließend die Kartoffelwürfel in einem Sieb abbrausen, abtropfen lassen und trocken tupfen. Reichlich Butterschmalz in einer großen beschichteten Pfanne erhitzen und die Fries darin bei mittlerer Hitze langsam braten. Sobald sie hellbraun und knusprig sind, herausnehmen und auf Küchenpapier abtropfen lassen, bis zum Servieren warm halten.

3. Das Fleisch erst in dünne Scheiben und dann in fingerdicke Tranchen schneiden. Die Steakstreifen in der gesäuberten Pfanne ohne Fett bei starker Hitze auf jeder Seite kurz anbraten. Zügig wieder herausnehmen und mit Meersalz bestreuen. Die Pfanne mit Küchenpapier säubern.

4. Die Salate längs halbieren und jeweils äußere Blätter und Strunk entfernen. Die Salate in die einzelnen Blätter teilen, waschen, trocken schleudern und in breite Streifen schneiden. In der Pfanne ohne Fett mit Sesam und 1 Prise Chiliflocken kurz rösten. Das Pflanzenöl dazugeben, alles gut durchschwenken und mit Limettenabrieb und -saft sowie 1 Prise Salz würzen. Dann vom Herd nehmen.

5. Für die Mayonnaise Eigelb und Ei mit einigen Spritzern Limettensaft, Senf, Sojasauce, Sesamöl und 1 Prise Salz in einem hohen Rührbecher kurz mit dem Pürierstab anmixen. Dann Sonnenblumen- und Rapsöl dazugeben und den Pürierstab langsam unter ständigem Mixen im Rührbecher nach oben ziehen und so eine cremige Mayonnaise aufmixen.

6. Zum Servieren den Salat auf Teller verteilen und mit den Fries bestreuen. Das Wagyu darauf anrichten und einige Tupfer Sesam-Mayo dazwischensetzen.

TIPP
Für Pommes, Fries & Co. verwendet ihr am besten festkochende Kartoffelsorten wie etwa Linda.

Königsberger Bratwurstklopse
mit Brotschmelze und Majoran

Für 2 Personen

100 g Toastbrot
6 Zweige Majoran
2 Zwiebeln
200 g Butter
100 ml Milch
1 Ei (Größe M)
250 g rohes Bratwurstbrät (vom Metzger)
2–3 EL Semmelbrösel
2 mehligkochende Kartoffeln (à 80–100 g)
1 l Gemüsebrühe
Salz
1 l Sauerkrautsaft
2 Lorbeerblätter
2 Scheiben Gewürz- oder Bauernbrot
Brotgewürz (s. Tipp S. 130)
1 Schuss Weißweinessig

1. Für die Klopse das Toastbrot entrinden, klein würfeln und in eine Schüssel geben. Majoran waschen, trocken tupfen und 2 Zweige fein hacken. 1 Zwiebel schälen und fein würfeln.

2. In einem kleinen Topf 1 EL Butter erhitzen und die Zwiebel darin anschwitzen. Mit Milch ablöschen und alles unter die Toastwürfel mischen. Brotmasse, Ei und gehackten Majoran so lange unter das Bratwurstbrät kneten, bis die Masse geschmeidig und gut gebunden ist. Falls nötig, mit etwas Semmelbröseln binden.

3. Für die Sauce die Kartoffeln schälen, waschen, grob würfeln und in einem großen Topf in der Brühe und 1 Prise Salz etwa 20 Minuten weich garen. Übrige Zwiebel schälen, halbieren und mit Sauerkrautsaft, Lorbeer und 3 Zweigen Majoran zur Kartoffel-Brühe-Mischung geben, alles aufkochen.

4. Aus der Hackmasse mit angefeuchteten Händen 6–8 Klopse formen und in den kochenden Sud geben. Die Hitze reduzieren und die Klopse im nicht mehr kochenden Sud etwa 10 Minuten garziehen lassen.

5. Inzwischen für die Schmelze das Bauernbrot entrinden, grob würfeln und fein mixen. Dann in einer Pfanne in 2–3 EL Butter goldbraun rösten und mit 1 Prise Brotgewürz abschmecken. Warm halten.

6. Die weich gegarten Kartoffeln mit 2–3 Schöpfern Sud abnehmen, in einen kleinen Topf füllen und mit der restlichen Butter (am besten kalt und in Flocken) mit dem Pürierstab cremig aufmixen. Die Sauce mit Essig und Salz abschmecken.

7. Zum Servieren die Klopse aus dem Sud nehmen, auf Tellern anrichten und mit der Kartoffelsauce übergießen. Die Brotschmelze darauf verteilen und mit den restlichen abgezupften Majoranblättern bestreuen.

TIPP
Der Clou an dem Rezept: Die Nudeln werden in einem aromatischen Kamillensud gegart.

Selbst gemachte Trofie
mit Paprikarahm und Salsiccia

Für 4 Personen

400 g Khorasan-Hartweizenmehl (Kamut®)
Salz
2 Handvoll getrocknete Kamillenblüten
300 g Salsiccia
1 Schuss Olivenöl
2 Stängel Estragon
1 rote Zwiebel
1 rote Paprikaschote
1–2 TL Paprikapulver edelsüß
100 ml Weißwein
250 g Sahne

1. Für den Nudelteig das Hartweizenmehl mit 200 ml Wasser und etwas Salz am besten erst in der Küchenmaschine und dann mit den Händen zu einem festen Nudelteig verkneten. Zu einer Kugel formen, in Frischhaltefolie wickeln und im Kühlschrank etwa 30 Minuten ruhen lassen. Dann aus dem Teig kleine Portionen abnehmen und jeweils zwischen den Handballen zu klassischen Trofie (wie dünne Schupfnudeln) aufdrehen.

2. Einen großen Topf Salzwasser aufkochen, die Kamillenblüten in ein Teesieb geben und im heißen Salzwasser etwa 5 Minuten ziehen lassen, bis der Sud ein intensives Kamillenaroma entfaltet hat. Anschließend das Teesieb wieder entfernen, den Sud erneut aufkochen und die Trofie darin etwa 5 Minuten weich garen.

3. Inzwischen die Haut der Salsiccia abziehen, die Würste je nach Dicke längs halbieren oder vierteln und in mundgerechte Stücke schneiden. Die Wurststücke in einer großen beschichteten Pfanne in etwas Olivenöl bei mittlerer Hitze knusprig ausbraten.

4. Währenddessen den Estragon waschen, trocken tupfen und fein hacken. Die Zwiebel schälen, halbieren, in feine Streifen schneiden, zur Salsiccia geben und leicht mit anschwitzen. Die gegarten Trofie mit dem Schaumlöffel aus dem Sud heben, etwas abtropfen lassen und zur Salsiccia geben. Zuletzt den Estragon unterheben, vom Herd nehmen.

5. Die Paprika vierteln, putzen, waschen und in etwa 1 cm große Würfel schneiden. In einem kleinen Topf in wenig Olivenöl anschwitzen, mit 1 Prise Salz und dem Paprikapulver würzen und mit dem Wein ablöschen. Alles aufkochen, die Sahne dazugießen und die Sauce bei mittlerer Hitze etwa 5 Minuten cremig einkochen. Nochmals mit Salz abschmecken. Zum Servieren den Paprikarahm in tiefen Tellern verteilen und die Trofie samt Salsiccia und Zwiebel darauf anrichten.

Schweinefilet
im Schinkenmantel

Für 2 Personen

Öl für die Folie
8–10 Scheiben Schwarzwälder Schinken
1 Schweinefilet (ca. 400 g)
Salz
frisch gemahlener schwarzer Pfeffer
3 EL Butter
10 kleine Kartoffeln (z. B. Bamberger Hörnla oder La Ratte)
1 Zwiebel
1 rotschaliger Apfel
etwas Butterschmalz
3–4 Stängel Petersilie
Meersalz (z. B. Fleur de sel)
Abrieb und Saft von 1 Bio-Zitrone
1–2 EL Rapsöl
2 EL Rosensenf
2 EL Balsamico-Essig
1 Schuss Gemüsebrühe

1. Ein Stück hitzefeste Frischhaltefolie auf ein gleich großes Stück Alufolie legen und leicht mit Öl bestreichen. Die Schinkenscheiben darauf nebeneinander leicht überlappend auslegen. Das Schweinefilet rundum salzen und pfeffern, auf den Schinken legen und darin straff einrollen.

2. Anschließend das Filet im Ofen bei 85 °C (Umluft) je nach Größe 35–45 Minuten garen. Danach herausnehmen, vorsichtig aus den Folien wickeln und in einer Pfanne in 2 EL Butter rundum anbraten. Herausnehmen, kurz ruhen lassen und aufschneiden.

3. Währenddessen die Kartoffeln mit der Gemüsebürste gründlich waschen und samt Schale halbieren. Dann in einem Topf in Salzwasser etwa 15 Minuten weich garen, abgießen und ausdampfen lassen.

4. Die Zwiebel schälen und in Streifen schneiden. Den Apfel waschen, in Spalten schneiden und entkernen. Die Kartoffeln in einer Pfanne in wenig Butterschmalz auf den Schnittflächen hellbraun anbraten. Dann Zwiebelstreifen und Apfelspalten zu den Kartoffeln geben. Sobald die Zwiebeln etwas Farbe angenommen haben, die übrige Butter dazugeben, aufschäumen, alles gut durchschwenken und mit Salz und Pfeffer würzen.

5. Die Petersilie waschen, trocken tupfen und in einer Schüssel mit Meersalz, Zitronenabrieb und -saft sowie einigen Tropfen Rapsöl marinieren. Den Senf mit Rapsöl, Essig und Brühe in einem Topf erwärmen, glatt rühren und mit Salz und Pfeffer abschmecken.

6. Zum Servieren das Kartoffel-Apfel-Gröstl auf Tellern anrichten und die Tranchen vom Schweinefilet daraufsetzen. Mit dem Senf-Balsamico beträufeln und mit der marinierten Petersilie garnieren.

TIPP
Der Rosensenf lässt sich auch durch haushaltsüblichen mittelscharfen Senf ersetzen.

TIPP
Das Brotgewürz ist superfix selbst gemischt, aus Fenchel, Anis, Kümmel, Koriander und/oder Piment.

Gebranntes Sauerkraut
mit Bauchspeck und Orangenmeerrettich

Für 2 Personen

---

500 g Sauerkraut (aus Dose oder Glas)
Pflanzenöl
Salz
frisch gemahlener schwarzer Pfeffer
2 Bund Frühlingszwiebeln
gemahlener Kümmel
Brotgewürz
250 g Bauchspeck (am Stück)
3 Scheiben Graubrot (Sauerteig- oder Bauernbrot)
1 EL Butter
2 Bio-Orangen
2 Stängel Petersilie, gezupft
2 EL geraspelter Meerrettich
4 EL Sahnemeerrettich

1. Das Sauerkraut in einem Sieb abtropfen lassen und ggf. etwas ausdrücken. In einer Pfanne in wenig Öl bei starker Hitze anbraten, sodass erkennbare Röststoffe entstehen, und mit Salz und Pfeffer würzen.

2. Inzwischen die Frühlingszwiebeln putzen, waschen und in dünne Ringe schneiden. Die Frühlingszwiebeln zum Kraut geben und unterschwenken, alles mit je 1 Prise Kümmel und Brotgewürz abschmecken.

3. Den Bauchspeck in etwa 2 cm große Stücke schneiden, das Brot in ähnlich große Dreiecke schneiden. Erst den Speck in einer Pfanne in wenig Öl langsam ausbraten, dann das Brot dazugeben. Zuletzt die Butter hinzufügen und aufschäumen lassen. Alles noch so lange braten, bis Brot und Speck goldbraun und knusprig sind.

4. Währenddessen die Orangen filetieren, dazu so großzügig schälen, dass auch die weiße Haut mit entfernt wird. Die Filets zwischen den einzelnen Trennhäuten herausschneiden und mit Petersilie und Meerrettich zu einem »Salat« vermengen, mit 1 Prise Salz würzen und mit einigen Tropfen Öl marinieren.

5. Zum Servieren den Sahnemeerrettich auf Tellern ausstreichen und den Orangen-Meerrettich-Salat darauf verteilen. Das gebratene Kraut und den Brot-Speck-Mix daraufsetzen.

Schinkennudeln de luxe
mit Panko-Brösel-Butter

Für 2 Personen

---

4 Strauchtomaten
Meersalz (z. B. Fleur de sel)
Puderzucker
150 ml Olivenöl
2 Knoblauchzehen
200 g dünne Bandnudeln
200 g Kochschinken (am Stück)
100 g Butter
4–5 EL Panko
(japan. Semmelbrösel)
2 Stängel Basilikum

1. Den Backofen auf 160 °C (Ober-/Unterhitze) vorheizen. Die Tomaten waschen und halbieren, dabei die Stielansätze entfernen. Die Tomaten mit den Schnittflächen nach oben nebeneinander in eine Auflaufform setzen, die Schnittflächen mit Meersalz und etwas Puderzucker bestreuen und mit Olivenöl beträufeln. Die Knoblauchzehen in der Schale andrücken und dazugeben, alles im Ofen auf der mittleren Schiene etwa 30 Minuten schmoren.

2. Anschließend herausnehmen, Tomaten und Knoblauch (vorher schälen!) in einen hohen Rührbecher geben, 1 Schuss Olivenöl dazugeben und alles mit dem Pürierstab mixen. Die Tomatensauce durch ein feines Sieb passieren und mit Salz abschmecken.

3. Die Nudeln in einem großen Topf in kochendem Salzwasser nach Packungsangabe al dente garen. In ein Sieb abgießen und abtropfen lassen.

4. Währenddessen den Schinken klein würfeln und in einer großen beschichteten Pfanne in der Butter bei mittlerer Hitze aufschäumen. Unter gelegentlichem Schwenken langsam ausbraten. Das Panko dazugeben und alles unter Rühren langsam rösten, bis das Panko hellbraun und die Butter leicht »nussig« ist. Die gegarten Nudeln zur Schinken-Brösel-Butter in die Pfanne geben und alles gut durchschwenken.

5. Zum Servieren das Basilikum waschen, trocken tupfen und fein hacken. Die Schmortomatensauce auf tiefe Teller verteilen, die Nudeln zu Nestern aufdrehen und auf die Sauce setzen. Die restlichen Schinkenwürfel aus der Pfanne darauf verteilen und mit Basilikum bestreuen.

TIPP
Bei Panko handelt es sich um ein gröberes Paniermehl, das besonders knusprig brät.

TIPP
Sauerbier ist eine Spezialität: Beim Brauen fügt man Bakterien oder Hefe für eine milde Säuerung hinzu.

Gebackene Leberkäspralinen
auf süß-sauren Zwiebeln

Für 4–6 Pralinen

---

1 Packung Frühlingsrollenteig
(ca. 15 große Blätter
à 25 cm Kantenlänge)
200 g frisches Leberkäsbrät
(vom Metzger)
1 TL Brotgewürz (s. Tipp S. 130)
500 g Butterschmalz oder
neutrales Pflanzenöl
zum Frittieren
4–5 eingelegte Essiggurken
(mit 1 Schuss Einlegewasser)
2 rote Zwiebeln
1 Schuss Pflanzenöl
Salz
0,33 l Sauerbier
(z. B. Gurkengose)
100 ml Gemüsebrühe
1 EL grober süßer Senf
1 TL feiner scharfer Senf
4 EL kalte Butter
2 Stängel Petersilie

1. Die einzelnen Blätter des Frühlingsrollenteigs locker auseinanderrollen und in bandnudelähnliche Streifen schneiden. Vom Leberkäsbrät mit einem Esslöffel große Nocken abstechen, mittig jeweils eine Vertiefung hineindrücken und mit 1 Prise Brotgewürz füllen. Dann die Vertiefung schließen und aus dem Brät mit angefeuchteten Händen Kugeln formen. Den Backofen auf 100 °C (Umluft) vorheizen.

2. Anschließend die Kugeln im Frühlingsrollenteig wälzen und mit den Teigstreifen locker umhüllen. Den Teig leicht andrücken und die Pralinen in einem schmalen Topf, im heißen Butterschmalz schwimmend, frittieren. Die Pralinen vorsichtig herausnehmen, auf Küchenpapier abtropfen lassen und auf einem Teller im Ofen auf der mittleren Schiene noch etwa 10 Minuten garziehen lassen. Herausnehmen und warm halten.

3. Inzwischen die Essiggurken in Streifen schneiden. Die Zwiebeln schälen, halbieren und in feine Streifen schneiden. Die Zwiebeln in einem Topf in 1 kleinen Schuss Öl glasig anschwitzen und mit 1 Prise Salz würzen. Anschließend mit dem Sauerbier ablöschen, 1 Schuss Essiggurkeneinlegewasser und die Brühe dazugießen, die Gurkenstreifen dazugeben und alles bei mittlerer Hitze etwa 5 Minuten leicht einkochen.

4. Den Gurken-Zwiebel-Mix durch ein Sieb gießen und abtropfen lassen. Dabei den Sud auffangen und in einem hohen Rührbecher mit beiden Senfsorten und der kalten Butter mit dem Pürierstab aufschäumen. Die Petersilie waschen und trocken tupfen, Blättchen abzupfen, in feine Streifen schneiden und unter das abgetropfte Gurken-Zwiebel-Gemüse heben.

5. Zum Servieren die Gurken-Zwiebel-Mischung mittig als Sockel auf tiefen Tellern anrichten, die gebackenen Leberkäspralinen daraufsetzen und zuletzt alles mit Sauerbierschaum beträufeln.

Wildschwein-Pflanzerl
mit Brombeeren und Salatherzen

Für 2 Personen

---

250 g Brombeeren (frisch oder TK)
Mark von 1 Vanilleschote
500 ml roter Portwein
100 g altbackene Laugenbrezen (vom Vortag)
2 EL Zwiebelwürfel
50 g Butterschmalz
115 ml Milch
250 g Wildschweinfleisch, gewolft (z. B. aus Schulter oder Keule, ohne Knochen)
1 Ei (Größe M)
Salz
frisch gemahlener schwarzer Pfeffer
2–3 EL Semmelbrösel
100 g Butter
½ TL Wildgewürz
1 TL Mélange Noir (geschroteter schwarzer Pfeffer)
3 Romanasalatherzen
1 Bund Thymian
Saft von 1 Zitrone
50 g Haselnusskerne, geröstet
50 g geraspelter Meerrettich

1. Die Beeren verlesen, waschen und trocken tupfen (TK-Ware gefroren verarbeiten). Vanillemark und Portwein in einem kleinen Topf erhitzen. Die Beeren in ein sauberes Einmachglas geben, mit dem kochenden Portwein auffüllen, verschließen und abkühlen lassen. Bis zur Verwendung im Kühlschrank lagern.

2. Für die Pflanzerl die Brezen in dünne Scheiben schneiden und in eine Schüssel geben. Zwiebelwürfel in einer Pfanne in wenig Butterschmalz anschwitzen, mit Milch ablöschen und locker unter die Brezenscheiben mischen. Hackfleisch und Ei unterkneten, salzen und pfeffern, falls nötig, die Semmelbrösel einarbeiten. Aus der Hackmasse mit angefeuchteten Händen 6–8 Pflanzerl formen und in einer großen Pfanne im übrigen Butterschmalz langsam rundum anbraten. 1–2 EL Butter dazugeben und aufschäumen, mit Wildgewürz bestreuen. Vom Herd nehmen und zugedeckt beiseitestellen – im aufsteigenden Dampf der Butter bzw. in der Nachhitze der Pfanne ziehen die Pflanzerl jetzt gar.

3. Zuletzt die Pflanzerl offen bei mittlerer Hitze noch so lange braten, bis der Bratsud eingekocht ist. Danach aus der Pfanne nehmen. 3–4 EL abgetropfte Brombeeren und 2–3 EL Butter in die heiße Pfanne geben, mit 1 Prise Mélange Noir und etwas Salz würzen, vom Herd nehmen und in der warmen Butter nachziehen lassen.

4. Währenddessen die Salatherzen längs halbieren (größere Exemplare vierteln) und in kaltem, gesalzenem Wasser etwa 5 Minuten einlegen. Thymian in einem zur Hälfte mit Wasser gefüllten Topf aufkochen. Ein passendes Sieb zum Dämpfen darüberhängen, die Salatherzen aus dem Salzwasser nehmen, abtropfen lassen und zugedeckt im Sieb über dem Wasserdampf etwa 5 Minuten garen. Anschließend herausnehmen und auf Tellern anrichten, mit Zitronensaft beträufeln und mit Nüssen sowie Meerrettich bestreuen. Die Pflanzerl dazusetzen und mit Beeren und Pfefferbutter garnieren.

TIPP
Die eingelegten Brombeeren halten sich gut verschlossen im Kühlschrank mehrere Wochen.

Rehrücken
in Kaffee-Gewürzmilch pochiert

Für 2–3 Personen

100 g ganze Kaffeebohnen
250 g Sahne
300 ml Milch
Abrieb von 2 Bio-Orangen
1 Zimtstange
3–4 Kardamomkapseln
Salz
frisch gemahlener schwarzer Pfeffer
400 g Rehrücken
2 EL Butter
100 g Cashewkerne
½ Spitzkohl
2 rotschalige Äpfel
1 Lorbeerblatt

1. Die Kaffeebohnen in einem Topf ohne Fett unter Wenden rösten, dann die Sahne dazugießen und das Aroma kurz »ausziehen« lassen. Anschließend mit 250 ml Milch auffüllen, Orangenabrieb, Zimt und Kardamom dazugeben und alles mit Salz und Pfeffer abschmecken. Die Kaffee-Gewürzmilch einmal kurz aufkochen, den Rehrücken hineinlegen und den Topf vom Herd nehmen. Den Rehrücken zugedeckt in der Nachhitze 5–7 Minuten garziehen lassen.

2. Zum Servieren den gegarten Rehrücken aus der Kaffee-Gewürzmilch nehmen, trocken tupfen und in einer Pfanne in 1 EL aufgeschäumter Butter rundum nachbraten.

3. Währenddessen die Cashewkerne in einer Auflaufform verteilen und im Backofen bei 160 °C (Umluft) 10–12 Minuten rösten. Dann die Kerne herausnehmen und abkühlen lassen.

4. Den Spitzkohl putzen, waschen und in feine Streifen schneiden oder hobeln. Die Äpfel vierteln, schälen und das Kerngehäuse entfernen. Die Apfelviertel in Spalten schneiden und in einer Pfanne ohne Fett rösten, den Spitzkohl dazugeben und kurz mit anrösten. Alles gut durchschwenken, mit Salz und Pfeffer würzen, Lorbeer dazugeben und übrige Butter (1 EL) darin aufschäumen lassen. Zuletzt die Cashewkerne hinzufügen, alles nochmals kurz durchschwenken und abschmecken.

5. Zum Servieren die Kaffee-Gewürzmilch durch ein Sieb passieren, noch 50 ml frische Milch dazugeben (dann schäumt sie besser) und mit dem Pürierstab aufschäumen. Den Apfelspitzkohl samt Cashewkernen auf Teller verteilen und den in Tranchen geschnittenen Rehrücken darauf anrichten. Zuletzt alles mit dem Milchschaum beträufeln.

Hirschgeschnetzeltes
mit Kürbiskern-Spaghetti

Für 2 Personen

500 g Hirschkeule (pariert, ohne Sehnen)
2 rote Zwiebeln
1 Schuss Pflanzenöl
2 EL Tomatenmark
250 ml roter Portwein
250 ml Rotwein
500 ml Gemüsebrühe
1 Bio-Orange
1–2 EL Speisestärke
1 TL Wildgewürz (z. B. von Ingo Holland)
400 g gemischte Pilze (z. B. Champignons, Egerlinge, Kräuterseitlinge)
Salz
100 g Kürbiskerne
2–3 EL Butter
300 g Spaghetti
100 g saure Sahne (Sauerrahm)
3 EL Preiselbeerkompott (aus dem Glas)
frisch gemahlener schwarzer Pfeffer

1. Das Fleisch in Streifen schneiden. Die Zwiebeln schälen, halbieren, in Streifen schneiden und in einer großen beschichteten Pfanne im Öl anschwitzen. Das Tomatenmark dazugeben und kurz mitrösten. Portwein und Rotwein dazugießen und alles einkochen.

2. Sobald der Wein fast vollständig eingekocht ist, mit der Brühe auffüllen und alles aufkochen. Die Orange heiß waschen, abtrocknen, 2–3 breite Streifen Orangenschale abschneiden und in die leicht köchelnde Sauce geben. Alles mit etwas in kaltem Wasser angerührter Stärke leicht sämig abbinden und großzügig mit dem Wildgewürz abschmecken.

3. Die Pilze putzen und mit einem Küchentuch abreiben. Die Kräuterseitlinge in dicke Scheiben schneiden und in einer Pfanne ohne Fett rösten. Die übrigen Pilze je nach Größe vierteln oder sechsteln, zu den Kräuterseitlingen geben, salzen und mitrösten. Die großen Pilzscheiben aus der Pfanne nehmen und beiseitelegen, die restlichen Pilze in die Sauce geben. Die Fleischstreifen mit etwas Salz würzen, ebenfalls in die heiße Sauce geben und darin garziehen lassen.

4. Währenddessen die Kürbiskerne im Standmixer leicht anmixen. Die Butter in einer Pfanne aufschäumen und die Kürbiskerne darin bei schwacher bis mittlerer Hitze hellbraun braten. Die Nudeln in einem Topf in kochendem Salzwasser nach Packungsangabe al dente garen. In ein Sieb abgießen und kurz abtropfen lassen. Dann in die Pfanne mit der Kürbiskernbutter geben und darin gut durchschwenken.

5. Zum Servieren das Geschnetzelte auf tiefe Teller verteilen, die Spaghetti zu Nestern aufdrehen und daneben anrichten. Den Sauerrahm mit Preiselbeeren in einer kleinen Schüssel verrühren, mit etwas Salz und Pfeffer abschmecken und dazu reichen.

TIPP

Verwendet hierfür gerne etwas dickere Spaghetti – sie saugen die Kürbiskernbutter wunderbar auf.

Heidschnucken-Medaillons

mit Emmer-Risotto

Für 2 Personen

Für den Risotto:

200 g Emmer
Salz
2 Zwiebeln
2 EL Butter, plus mehr zum Anschwitzen
1 Schuss trockener Weißwein
500 ml Gemüsebrühe
50 g Parmesan, fein gerieben
Brotgewürz (s. Tipp S. 130)

Für das Lamm:

2 Zweige Oregano
100 g eingelegte Salzzitrone (aus dem Asiamarkt)
300 g Heidschnuckenfleisch aus der Keule (oder Lammkeule)
Salz
Mélange Noir (geschroteter schwarzer Pfeffer)
3 EL Öl
2 EL Butter

Außerdem:

200 g Ziegenfrischkäse
50 ml Milch
Salz
Pfeffer

1. Für den Risotto den Emmer in einem Topf in Salzwasser zugedeckt bei schwacher Hitze etwa 30 Minuten al dente vorgaren, danach in ein Sieb abgießen und abtropfen lassen.

2. Inzwischen die Zwiebeln schälen, fein würfeln und in einem Topf in Butter anschwitzen. Den vorgegarten Emmer dazugeben, mit Wein ablöschen, mit Brühe auffüllen und alles langsam wie einen Risotto gar köcheln (s. S. 78). Zuletzt Butter und Parmesan unterrühren und mit 1 Prise Brotgewürz abschmecken.

3. Währenddessen für das Lamm den Oregano waschen, trocken tupfen und fein hacken. Die Schale der Salzzitrone in feine Streifen schneiden. Das Fleisch in gulaschähnliche Würfel schneiden, mit Salz und Mélange Noir würzen und in einer Pfanne im Öl rundum braun braten. Anschließend die Butter dazugeben und aufschäumen lassen, mit Oregano und Salzzitrone würzen und alles gut durchschwenken.

4. Zum Servieren den Ziegenfrischkäse mit der Milch glatt verrühren, mit Salz und Pfeffer abschmecken und auf Tellern ausstreichen. Den cremigen Risotto mittig darauf verteilen und die Lammwürfel samt Salzzitronen darauf anrichten.

TIPP

Heidschnucken kommen aus einer alten Landschafrasse. Da sie über die Heide ziehen, erhält ihr Fleisch einen typischen wildbretartigen Geschmack.

Geröstete Tranchen von der Lammkeule
mit Krautsalat

Für 4 Personen

2 Schalotten
2 Knoblauchzehen
1 TL Paprikapulver edelsüß
½ TL Pul Biber
½ TL gemahlener Kreuzkümmel
1 TL Korianderkörner
½ TL Bockshornkleesamen
½ Bund Majoran
1 rote Chili
250 ml Olivenöl
1 Oberschale vom Lamm (ca. 400 g)
Salz
½ Spitzkohl
Zucker
Abrieb und Saft von je 1 Bio-Orange und -Zitrone
200 g Joghurt
1 türk. Fladenbrot

1. Die Schalotten schälen und in feine Ringe schneiden. Die Knoblauchzehen schälen, in feine Streifen schneiden und mit Paprikapulver, Pul Biber, Kreuzkümmel, Koriander, Bockshornklee, etwas gezupftem Majoran und der eingeschnittenen Chili in einer großen Pfanne in reichlich Olivenöl (es soll etwa daumenhoch sein) erwärmen. Die Schalotten in das warme Aromaöl geben und darin bei schwacher Hitze ziehen lassen.

2. Die Oberschale gegen die Fasern in etwa 1 cm dicke Tranchen schneiden, nebeneinander in eine Auflaufform legen und mit Salz und wenigen Spritzern Olivenöl leicht marinieren.

3. Inzwischen den Spitzkohl putzen, waschen, in feine Streifen schneiden und in einer großen Schüssel mit etwas Salz, Zucker und großzügig Zitrusabrieb und -saft kräftig verkneten. Den Joghurt in einer Schüssel verrühren und mit etwas Salz abschmecken.

4. Eine große beschichtete Pfanne ohne Fett stark erhitzen und die marinierten Lammstücke darin anrösten. Anschließend wenden und 15–20 Sekunden auf der Unterseite rösten. Dann herausnehmen und in der Pfanne mit dem warmen Aromaöl etwa 5 Minuten ziehen lassen, bis das Fleisch zartrosa gegart ist.

5. Zum Servieren das Fladenbrot je nach Größe halbieren oder vierteln und eine Tasche einschneiden. Jeweils etwas Krautsalat, einige Tranchen Lamm samt Aromaöl, Schalotten und Joghurt in die Fladenbrottaschen füllen.

TIPP

Spitzkohl besitzt etwas dünnere, feinere Blätter als Weißkohl und eignet sich daher perfekt für Rohkost.

TIPP
Falls die Mandel-Brot-Creme nach dem Pürieren zu fest ist, noch etwas Milch unterrühren.

Lammspieße
mit Pilzen auf Mandel-Brot-Creme

Für 2 Personen

2 Lammlachse (à ca. 150 g; pariert, ohne Sehnen)
2 rote Zwiebeln
3 Zweige Thymian
Salz
frisch gemahlener schwarzer Pfeffer
2 Schuss Olivenöl
100 g Butter
4 Scheiben Toastbrot
1 Knoblauchzehe
220 g Mandelblättchen
200 ml Milch
350 g Austernpilze
etwas Bio-Zitronenabrieb
Schaschlikspieße aus Metall oder Holz

1. Die geputzten Lammlachse jeweils in mundgerechte Stücke schneiden. Die Zwiebeln schälen und je nach Größe vierteln oder sechsteln. Den Thymian waschen und trocken tupfen. Lammfleisch und Zwiebeln abwechselnd auf die Spieße fädeln und rundum mit Salz und Pfeffer würzen.

2. In einer großen beschichteten Pfanne 1 kleinen Schuss Olivenöl erhitzen und die Lammspieße mit den übrigen Zwiebelstücken darin anbraten. Sobald die Lammspieße auf der Unterseite schön gebräunt sind, wenden, Thymian und 2 EL Butter dazugeben und aufschäumen lassen. Die Pfanne vom Herd nehmen und die Spieße zugedeckt im Dampf der aromatisierten Butter garziehen lassen.

3. Für die Creme die Toastbrotscheiben entrinden und in grobe Würfel schneiden. Knoblauch schälen und grob würfeln. Knoblauch, Mandelblättchen und Milch in einem kleinen Topf langsam aufkochen und bei schwacher Hitze etwa 5 Minuten köcheln lassen. Anschließend in einen hohen Rührbecher füllen, 1 Schuss Olivenöl und die Toastbrotwürfel dazugeben und alles mit dem Pürierstab pürieren, mit Salz abschmecken.

4. Die Austernpilze putzen, mit einem Küchentuch abreiben und je nach Größe grob schneiden. Die restliche Butter in einer Pfanne aufschäumen lassen und die Austernpilze darin langsam braten. Alles gut durchschwenken und mit 1 Prise Salz, Zitronenabrieb und Pfeffer abschmecken.

5. Zum Servieren die Mandel-Brot-Creme auf Tellern verteilen, die Lammspieße darauf anrichten und einige Zwiebelstücke darum herumlegen. Die Austernpilze samt Zitronen-Pfeffer-Butter dazwischensetzen und mit etwas Sud aus der Lammpfanne beträufeln.

Perlhuhn, Lamm & Bullen

Die Zeiten, in denen jeden Tag Fleisch auf den Teller kam, sind vorbei. Immer mehr Menschen ernähren sich flexitarisch, sie essen nur noch ab und zu Fleisch. Und wissen deshalb auch ein gutes Stück von Huhn, Lamm und Bullen aus artgerechter Tierhaltung zu schätzen.

PERLHUHN

Neben Masthähnchen, Ente, Gans und Pute hat sich Roswitha Hüttinger aus dem Altmühltal auf ihrem Geflügelhof auch noch für Perlhühner entschieden. Die Tiere werden artgerecht gehalten und mit hofeigenem Futter gefüttert. Die Schlachtung erfolgt ebenfalls direkt auf dem Hof.

Von weit her Das Perlhuhn kommt eigentlich aus Afrika. Wahrscheinlich hat es deshalb ein schwarz-graues Gefieder mit hellen Punkten, um sich vor der Sonne zu schützen. Eine Kundin, die mal in Südafrika war, hat Roswitha auf die Idee mit Perlhühnern gebracht. Das Fleisch ist dunkler und feiner als das von Masthähnchen und auch nicht so »brustlastig , sagt Roswitha. Deshalb ist es ihr ein Anliegen, Perlhühner möglichst im Ganzen zu vermarkten. Perlhühner sind keine Einzeltiere wie Masthähnchen, sondern leben in der Gruppe und schlafen auch schon mal auf Bäumen. Als ich Roswitha besucht habe, haben die Perlhühner wohl schon geahnt, dass ich Koch bin und was auf sie zukommen würde (das Ergebnis seht ihr auf S. 109). Denn sie haben bei meinem Besuch laut geschimpft.

LAMM

Auf dem Gutshof von Franz und Leonhard Riederer von Paar im Rottal-Inn-Kreis haben die Lämmer ein traumhaftes Leben, finde ich. Vater und Sohn betreiben den über 100 Jahre alten Familienbetrieb gemeinsam. Vater Franz freut es besonders, dass sein Sohn Leonhard die Familientradition der Schafzucht fortführt.

Ein sonniges Plätzchen haben die Perlhühner von Roswitha Hüttinger.

Perlhuhn

Federkleid mit Punkten

Man sieht gleich, dass die Schafe sich auf der Weide wohlfühlen.

»Wenn das Lamm ein geiles Leben hat, wird es auch ein geiles Produkt.«

Ihre Schafe sind in verschiedene Gruppen eingeteilt: Hochtragende, Mutterschafe mit Lämmern, Jährlinge, erklärt Leonhard. Den Schafen stehen großzügige Flächen mit saftigen Kräuterweiden zur Verfügung. Mit 4 bis 5 Monaten sind die Lämmer schlachtreif. Von der Geburt über die Aufzucht bis zum Schlachten und Zerlegen findet alles auf dem Hof statt. Die Tiere werden gehätschelt und getätschelt. Denn die Philosophie des Hauses lautet: Das Leben vor dem Tod muss auch für Tiere so schön wie möglich sein. Das macht sich in der Qualität des Fleisches dann auch bemerkbar, und meinen »Lamm-Döner« (S. 144) gleich noch mal so lecker.

BULLEN

Im Schweinfurter Land betreibt Franziska Klenkert in vierter Generation einen Bullenmastbetrieb. Als ich in ihren Stall komme, ist sie gerade dabei, die Bullen mit Futter zu versorgen. Das geschieht nicht von Hand, bei mehreren hundert Bullen wäre das nicht zu schaffen. Die junge Bäuerin erledigt das mit dem Traktor. Auf dem Schoß sitzt ihr kleiner Sohn. Wird hier schon die fünfte Generation angelernt?

Gute Aufzucht, gutes Fleisch Ich war wirklich noch nie in einem Bullenstall. Das ist eine ganz andere Aura als in einem Kuhstall. Testosteron pur, scherzt auch Franzi über die »Jungs« in ihrem Stall. Franzi hat jüngere und ältere Bullen in ihren Ställen. Die männlichen Kälber kommen mit einem Gewicht von 80 kg zu ihr und werden dann aufgezogen, bis zum Schlachtalter von 18 Monaten. Dann haben sie ein Lebendgewicht von 750 bis 800 kg und das beste Verhältnis von Fleisch und Fett. Franziska isst gern die Schwanz- oder Semmerrolle vom Grill. Bei mir kommt das Flank-Steak in die Pfanne (S. 118).

Franzi engagiert sich in der Initiative Tierwohl mit gentechnikfreier Fütterung und mehr Platz in den Ställen. Sie würde den Tieren gern noch mehr Komfort bieten, das müsste sich aber in den Preisen fürs Fleisch niederschlagen. Und dazu ist der Verbraucher beim Einkaufen dann doch noch nicht bereit, meint sie. Obwohl sich das Bewusstsein dafür gerade wandelt, und immer mehr Menschen Wert darauf legen, dass die Tiere vor der Schlachtung artgerecht leben können.

»An der Kühltheke ist bei Vielen der Reiz zum Günstigeren noch der größere Reflex. Deswegen finde ich es gut, dass wir in einem Wandel sind, und hoffe, dass der schnell vonstatten geht.«

SÜSSES & DESSERTS

Porridge de luxe
mit dreierlei Toppings

Für 2 Personen

400 g Kochgetreide (Perl-Einkorn)
300 ml Milch
etwas Puderzucker zum Abschmecken
2–3 EL Speisestärke

Topping 1:
1 rotschaliger Apfel
2 EL Butter
1 Zimtstange
etwas Bio-Zitronenabrieb
2 EL eingelegte Rumrosinen
etwas Puderzucker

Topping 2:
100 g Haselnusskerne, geröstet
1 EL Butter
1 EL brauner Zucker
Mélange Noir (geschroteter schwarzer Pfeffer)
einige Spritzer Zitronensaft

Topping 3:
1 Schale Himbeeren (ca. 150 g)
1 rote Paprikaschote
2 EL Mandelsplitter, gehackt
50 ml Olivenöl
½ Vanilleschote, Mark und ausgekratzte Schote
brauner Zucker

Für den Porridge das Kochgetreide in einem Topf in kochendem Wasser nach Packungsangabe weich garen. Danach in ein Sieb abgießen, kalt abschrecken und gut abtropfen lassen. Das Getreide in einem Topf knapp mit Milch bedecken und bei mittlerer Hitze unter Rühren einmal aufkochen. Mit etwas Puderzucker abschmecken und mit der in kaltem Wasser angerührten Stärke leicht abbinden. Den Porridge auf Schalen verteilen und mit einem der Toppings veredeln:

Topping 1: Den Apfel waschen, vierteln und das Kerngehäuse entfernen. Die Apfelviertel in Spalten schneiden. Die Butter in einer Pfanne aufschäumen, Zimtstange und Apfelspalten dazugeben und darin leicht anbraten. Mit etwas Zitronenabrieb aromatisieren, die eingelegten Rosinen dazugeben und alles zugedeckt in der Restwärme ziehen lassen. Zuletzt mit etwas Puderzucker abschmecken.

Topping 2: Die gerösteten Haselnüsse grob hacken. Die Butter in einer Pfanne aufschäumen, mit braunem Zucker bestreuen, mit 1 Prise Mélange Noir würzen und die Haselnüsse darin karamellisieren. Zuletzt mit Zitronensaft beträufeln.

Topping 3: Die Himbeeren verlesen, waschen und trocken tupfen. Die Paprika halbieren, putzen, waschen und klein würfeln. Die Mandeln in einer Pfanne im Olivenöl bei mittlerer Hitze hellbraun rösten, die Paprikawürfel dazugeben und mit anschwitzen. Vanilleschote samt Mark zu den Paprikawürfeln in die Pfanne geben und alles gut durchschwenken. Zuletzt die Himbeeren mit 1 Prise braunem Zucker dazugeben und vorsichtig unterrühren. Vom Herd nehmen und in der Nachhitze kurz ziehen lassen.

TIPP
Klassisch besteht Porridge aus Haferflocken, meine De-luxe-Variante wird aus Vollkorn-Einkorn gegart.

Fruchtgranola
»Hot and Cold«

Für 2 Personen

---

300 g Joghurt (3,5 % Fett)
3 EL Puderzucker
einige Spritzer Zitronensaft
6 Aprikosen (frisch oder TK)
100 ml Rum
2 EL flüssiger Honig
Meersalz (z. B. Fleur de sel)
1 Vanilleschote
250 ml Milch
250 g klassisches Hafergranola

Außerdem:
Espuma-Flasche mit 2 Gaspatronen

1. Für das Eis eine Auflaufform im Tiefkühlfach vorkühlen lassen und nach Belieben mit Backpapier auslegen. Den Joghurt mit 1 EL Puderzucker und dem Zitronensaft gründlich mischen. In die Espuma-Flasche füllen, mit den Gaspatronen laden und kräftig schütteln. Den Zitronenjoghurt gleichmäßig in die Auflaufform dressieren und sofort ins Tiefkühlfach stellen, mindestens 2,5 Stunden gefrieren lassen.

2. Die Aprikosen waschen, entsteinen und trocken tupfen (gefrorene Aprikosenhälften auftauen lassen und vorsichtig trocken tupfen). Eine große beschichtete Pfanne ohne Fett erhitzen, die Aprikosenhälften mit der Schnittfläche nach oben hineinlegen und gleichmäßig mit dem übrigen Puderzucker bestäuben. Sobald der Zucker anfängt zu karamellisieren, das Ganze mit dem Rum ablöschen und flambieren (s. S. 158). Die Pfanne vom Herd nehmen, den Honig unterschwenken und die Aprikosen mit 1 kleinen Prise Meersalz würzen. (Achtung, frische Aprikosenhälften dürfen ruhig etwas länger garen!)

3. Die Vanilleschote längs halbieren und das Mark herauskratzen, dann beides mit 200 ml Milch in einem kleinen Topf erhitzen. Danach die Herdplatte ausschalten und die Vanillemilch etwa 10 Minuten ziehen lassen. Die Vanilleschote wieder entfernen, die übrige Milch dazugeben und alles im Topf oder in einem hohen Rührbecher mit dem Pürierstab aufschäumen.

4. Zum Servieren die heißen Honig-Aprikosen auf tiefe Teller oder Dessertschalen verteilen, jeweils einige Stücke gefrorenen Joghurt daraufsetzen und das Ganze mit etwas Vanillemilchschaum beträufeln. Zuletzt mit dem Granola bestreuen.

Karamellisierte Macadamianüsse
mit Pfeffer und Kaffeebohnen

Für 200 g zum Snacken

200 g Macadamianusskerne
2 EL Zucker (evtl. brauner Zucker bzw. Muscovadozucker)
Mélange Noir (geschroteter schwarzer Pfeffer; oder frisch gemahlener schwarzer Pfeffer)
2–3 ganze Kaffeebohnen zum Reiben

1. Die Macadamianüsse in einer Auflaufform verteilen und im Backofen bei 160 °C (Umluft) 12–15 Minuten rösten. Herausnehmen und abkühlen lassen.

2. Den Zucker mit 1 Schuss Wasser in einer Pfanne unter Rühren aufkochen. Dann die Nüsse dazugeben und alles unter Wenden so lange einkochen bzw. karamellisieren, bis sich eine weiße Schicht um die Macadamianüsse gebildet hat.

3. Anschließend sofort auf einem Backblech verteilen, mit Mélange Noir bestreuen und die Kaffeebohnen darüberreiben. Zuletzt die einzelnen Nüsse vorsichtig separieren. Sie sind kühl und luftdicht verschlossen etwa 2 Wochen haltbar.

TIPP

Auf diese Weise könnt ihr auch andere Nüsse karamellisieren. Sie sind toll zum Snacken oder als Topping auf jedem beliebigen Dessert. Die Macadamianüsse passen wunderbar auf Schoko-(Karamell-)Eis.

Espresso-Crêpes-Suzette
mit Orangenfilets

Für 2 Personen

300 ml Milch
100 g ganze Espressobohnen
100 g dunkle Kuvertüre
150 ml heißer Espresso, frisch gekocht
1 EL Zucker
100 g Mehl
4 Eier (Größe M)
etwas Bio-Orangenabrieb
1 Schuss Sonnenblumenöl
2–3 Orangen
50 g Butter
3–4 EL brauner Zucker
100 ml Grand Marnier (Orangenlikör)

1. In einem Topf 250 ml Milch erhitzen, aber nicht kochen lassen. Die ganzen Espressobohnen dazugeben, vom Herd nehmen und 15 Minuten ziehen lassen. Anschließend die aromatisierte Milch durch ein Sieb passieren, 1 Schuss frische Milch hinzufügen und zum Servieren mit dem Pürierstab aufschäumen.

2. Für den Teig die Kuvertüre grob hacken und in eine große Schüssel geben. Den heißen Espresso darübergießen und alles so lange gut verrühren, bis sich die Kuvertüre aufgelöst hat. Zucker, übrige Milch (50 ml), Mehl, Eier und etwas Orangenabrieb dazugeben und alles mit einem Schneebesen glatt verrühren.

3. Nach und nach aus dem Teig in einer großen beschichteten Pfanne im Sonnenblumenöl 4–6 dünne Crêpes ausbacken, herausnehmen und jeweils dreieckig zusammenfalten.

4. Inzwischen die Orangen filetieren, dazu so großzügig schälen, dass auch die weiße Haut mit entfernt wird. Die Filets zwischen den einzelnen Trennhäuten herausschneiden, den austretenden Saft auffangen und den Rest der Orangen gut ausdrücken.

5. In einer großen beschichteten Pfanne 2–3 EL Butter aufschäumen, etwas braunen Zucker darüberstreuen und leicht karamellisieren. Mit 1 Schuss aufgefangenem Orangensaft ablöschen, alles aufkochen, die gefalteten Crêpes hineinlegen, vorsichtig schwenken. Alles mit Grand Marnier ablöschen und flambieren. Dazu den Likör in eine Schöpfkelle geben, entzünden und über die Crêpes gießen. (Achtung: Dabei etwas zurücktreten und nicht über das Gericht beugen!)

6. Zuletzt die Orangenfilets in die Pfanne geben und im warmen Sud erwärmen. Zum Servieren die Crêpes samt Orangenfilets und karamellisiertem Sud in tiefen Tellern anrichten und mit weißem Espressoschaum garnieren.

TIPP
Crêpe Suzette ist ein französischer Klassiker von Weltruhm.

Topfen-Pancakes
mit Erdbeeren und Traubenkern-Vanille-Öl

Für 2 Personen

---

400 g Topfen (Quark mit geringem Flüssigkeitsanteil)
1 Ei (Größe M)
1 EL Traubenkernmehl (aus dem Bio-Laden)
2 Msp. Zimtpulver
5–6 EL Puderzucker
4–6 EL Mehl
1 Bio-Zitrone
1 EL Butterschmalz
2 EL Butter
50 ml Traubenkernöl
1 Vanilleschote, Mark und ausgekratzte Schote
500 g Erdbeeren
1 Stängel Basilikum, fein gehackt
200 g Joghurt (3,5 % Fett)

1. Für den Teig Topfen, Ei, Traubenkernmehl, Zimt und 2–3 EL Puderzucker in einer Rührschüssel glatt verrühren. Nach und nach das Mehl unterrühren, bis der Teig die Konsistenz von Kartoffelpüree angenommen hat. Die Zitrone heiß waschen, abtrocknen und mit einem Sparschäler 3–4 Schalenstreifen abziehen. Danach die Zitrone halbieren und den Saft auspressen.

2. In einer großen beschichteten Pfanne das Butterschmalz schmelzen, aus dem Teig mit einem Esslöffel mehrere Portionen nebeneinander in die Pfanne setzen und darin bei mittlerer Hitze zu Pancakes backen.

3. Sobald die Topfen-Pancakes an der Unterseite etwas Farbe bekommen haben, wenden. Zitronenschalen-Streifen und Butter dazugeben und aufschäumen, den Herd ausschalten und die Topfen-Pancakes zugedeckt in der Nachhitze garziehen lassen. Zuletzt den Deckel entfernen, die Topfen-Pancakes offen nochmals kurz anbraten und dann herausnehmen.

4. Das Traubenkernöl in einem kleinen Topf vorsichtig erwärmen. Vanilleschote samt Mark in das lauwarme Öl legen, gut verrühren und ziehen lassen.

5. Die Erdbeeren putzen, waschen und trocken tupfen. Je nach Größe vierteln oder halbieren und mit Zitronensaft und 1 EL Puderzucker marinieren, das Basilikum unterrühren. Joghurt mit einigen Spritzern Zitronensaft und übrigem Puderzucker (2 EL) in einem hohen Rührbecher mit dem Pürierstab aufschäumen.

6. Zum Servieren die marinierten Erdbeeren auf Dessertteller verteilen und mit dem Joghurtschaum beträufeln. Jeweils zwei Topfen-Pancakes daraufsetzen und mit dem Traubenkern-Vanille-Öl übergießen.

TIPP
Traubenkernöl ist ein sehr hochwertiges Öl – deshalb bitte nie zu stark erhitzen!

Fränkisches Winzer-Tiramisu
mit Topfen und Trauben

Für 2 Personen

200 ml Rotwein
200 ml Traubensaft
1 Zimtstange
brauner Zucker
Saft von 1 Orange
etwas Speisestärke
1 Vanilleschote
500 g Topfen
3–4 EL Puderzucker
etwas Milch (nach Bedarf)
10 kernlose Trauben
6–8 Löffelbiskuits
½ TL Kakaopulver
½ TL Zimtpulver

1. Den Rotwein in einem Topf einmal kurz aufkochen, dann um die Hälfte einkochen. Anschließend mit dem Traubensaft auffüllen, die Zimtstange dazugeben und alles mit braunem Zucker und Orangensaft abschmecken. Den Ansatz auf der ausgeschalteten Herdplatte noch etwa 10 Minuten ziehen lassen.

2. Anschließend die Zimtstange wieder entfernen und die Mischung einmal kurz aufkochen. Wenig Stärke in etwas kaltem Traubensaft (oder Wasser) anrühren und die Mischung damit leicht binden.

3. Die Vanilleschote längs halbieren und das Mark herauskratzen. Den Topfen mit Puderzucker und Vanillemark abschmecken und glatt bzw. cremig rühren (je nach Festigkeit des Topfens evtl. etwas Milch mit unterrühren). Die Trauben waschen und vierteln.

4. Jeweils eine Schicht zerkleinerte Löffelbiskuits auf Dessertgläser verteilen, mit etwas Traubenreduktion tränken und mit ein wenig Vanilletopfen bedecken. Diesen Ablauf ein zweites Mal wiederholen, dann die Trauben darauf verteilen und alles mit einer Schicht Topfen abschließen.

5. Zum Servieren Kakao- und Zimtpulver mischen und das Winzer-Tiramisu damit bestäuben. Nach Belieben mit Löffelbiskuitstücken und Trauben garnieren.

TIPP
Topfen nennt man Quark mit einem geringeren Flüssigkeitsanteil, seine Konsistenz ist etwas fester.

TIPP
Wer die süßen Röllchen nicht dippen möchte, verstreicht die Schokocreme als »Spiegel« auf dem Teller.

Frühlingsröllchen von der Heidelbeere
mit Schoko-Kürbiskern-Creme

Für 2 Personen

Für die Frühlingsrollen:
4 EL Kürbiskerne
etwas Kürbiskernöl
250 g Heidelbeeren
250 g Quark
3 EL Puderzucker
Abrieb und Saft von
1 Bio-Zitrone
3–4 EL Semmelbrösel
4 Blätter Frühlingsrollenteig
(à 25 cm Kantenlänge)
1 Eiweiß (Größe M)
100 g Butterschmalz

Für die Creme:
1 sehr frisches Ei (Größe M)
2 sehr frische Eigelb (Größe M)
50 ml Kürbiskernöl
50 ml Haselnussöl
150 ml neutrales Pflanzenöl
2 EL Puderzucker
1 EL Kakaopulver

1. Für die Frühlingsrollen die Kürbiskerne in einer Pfanne in wenig Kürbiskernöl so lange rösten, bis die Kerne anfangen aufzupoppen. Herausnehmen und abkühlen lassen.

2. Inzwischen die Heidelbeeren verlesen, waschen und trocken tupfen. Dann in einer Schüssel mit dem Quark gleichmäßig mischen, 2 EL Puderzucker, Zitronenabrieb und einige Spritzer Zitronensaft sowie geröstete Kürbiskerne dazugeben und alles mischen. Zuletzt nach und nach so viele Semmelbrösel unterrühren, bis eine cremige, feste Masse entstanden ist.

3. Die Frühlingsrollenteigblätter jeweils mit Eiweiß bestreichen, je ein Viertel der Beerenmasse in einem Streifen daraufgeben und locker aufrollen, dabei auch die Seiten verschließen. Die Frühlingsrollen in einer Pfanne im Butterschmalz rundum knusprig anbraten. Herausnehmen und auf Küchenpapier abtropfen lassen.

4. Für die Creme das ganze Ei mit den Eigelben in einem hohen Rührbecher schaumig schlagen. Dann vorsichtig mit den Ölen auffüllen und mit voller Leistung zu einer festen Creme aufmixen, dabei den Pürierstab sehr langsam nach oben ziehen (wenn der Pürierstab zu rasch hochgezogen wird, emulgieren die Zutaten nicht homogen). Anschließend in eine Schüssel füllen, Puderzucker und Kakao hineinsieben und unterrühren.

5. Zum Servieren die Frühlingsrollen quer halbieren, auf Tellern anrichten, mit dem übrigen Puderzucker (1 EL) bestäuben und die Schoko-Kürbiskern-Creme als Dip dazu reichen.

Quitteneis
mit Quittenkompott

Für 2 Personen

6–8 Quitten
2 l Apfelsaft
Saft von 1 Zitrone
150 g Crème fraîche
1–2 EL Puderzucker
100 g Mandelblättchen
2 EL Zucker
1 Zimtstange
1 Vanilleschote, Mark und ausgekratzte Schote
Abrieb und Saft von 1 Bio-Zitrone
2 EL flüssiger Honig
frisch gemahlener schwarzer Pfeffer
100 g weiße Schokolade

1. Die Quitten mit einem Tuch gründlich abreiben und waschen, Stiele und Blütenansätze entfernen. Die Früchte in grobe Würfel schneiden (am besten geht das mit einem Brotmesser). Die Quitten in einem Topf mit Apfelsaft und Zitronensaft etwa 30 Minuten leicht stückig garen.

2. Anschließend die Quittenwürfel mit einem Schaumlöffel herausnehmen und abtropfen lassen. Das Kerngehäuse herausschneiden (das geht bei den weichgekochten Quitten deutlich leichter) und die Würfel nebeneinander auf einem Tablett einfrieren. So können die Quitten gelagert und nach Belieben weiterverwendet werden.

3. Für das Eis 350–400 g gefrorene Quittenwürfel (von 1–2 Quitten) im Standmixer mit Crème fraîche zu einem cremigen Eis mixen und mit Puderzucker abschmecken.

4. Die Mandelblättchen in einer Auflaufform verteilen und im Backofen bei 160 °C (Umluft) etwa 10 Minuten rösten. Herausnehmen und abkühlen lassen.

5. Für das Kompott die restlichen gefrorenen Quittenwürfel auftauen lassen und in kleinere Würfel schneiden. Den Zucker in einer Pfanne leicht karamellisieren, dann Quittenwürfel, Zimtstange, Vanilleschote und -mark sowie Zitronenabrieb dazugeben und alles durchschwenken. Anschließend vom Herd nehmen und mit Honig, einigen Spritzern Zitronensaft und etwas Pfeffer abschmecken.

6. Zum Servieren das warme Quittenkompott auf Desserttellern anrichten und großzügig mit Mandeln bestreuen. Je 1 Nocke Eis daraufsetzen und die weiße Schokolade darüberraspeln.

TIPP
Aus den gefrorenen Quittenwürfeln lassen sich noch weitere Süßigkeiten zaubern, etwa eine Konfitüre.

Tassen-Soufflés
aus Nuss-Nougat-Creme

Für 4 Tassen oder Förmchen

2 EL weiche Butter für die Tassen
2 EL gemahlene Haselnusskerne
3 Eier (Größe M)
Salz
150 g Nuss-Nougat-Creme
20 g Mehl
250 g Sahne
Mark von 1 Vanilleschote
Zucker

1. Den Backofen auf 180 °C (Ober-/Unterhitze) vorheizen. Die Tassen oder Förmchen mit Butter einfetten und gleichmäßig mit Haselnussgrieß ausstreuen.

2. Die Eier trennen und die Eiweiße mit 1 kleinen Prise Salz mit den Quirlen des Handrührgeräts steif schlagen. Die Nuss-Nougat-Creme in einer großen Schüssel mit den Eigelben mit den Quirlen des Handrührgeräts glatt rühren. Erst das Mehl unterrühren, dann das geschlagene Eiweiß mit einem Teigschaber vorsichtig unterheben.

3. Die Masse auf die Tassen bzw. Förmchen verteilen und im Ofen auf der mittleren Schiene etwa 12 Minuten backen. Inzwischen die Sahne steif schlagen und mit dem Mark der Vanilleschote und 1 Prise Zucker abschmecken.

4. Zum Servieren die Tassen-Soufflés aus dem Ofen nehmen und nur kurz abkühlen lassen. Jeweils mit einem großen Löffel Vanillesahne garnieren und noch warm servieren.

TIPP

Achtet darauf, dass die verwendeten Tassen ofenfest sind und Temperaturen bis 180 °C aushalten. Nehmt am besten große Tassen (à ca. 250 ml), falls der Teig stark aufgeht.

Emmer, Khorasan & Müsli

Seit Jahrtausenden spielt Getreide in der Ernährung der Menschheit die Hauptrolle. Dass jetzt Urgetreidesorten wieder angebaut werden und das Augenmerk vermehrt auf Bio-Qualität gelegt wird, ist ein Qualitätsmerkmal und sorgt für mehr Geschmacksvielfalt auf dem Speiseplan.

EMMER

Emmer, eine Weizenart, zählt mit dem Einkorn zu den ältesten Getreidesorten der Welt. Im Nahen Osten wird er schon seit mindestens 10 000 Jahren angebaut, er gilt als das Korn der Babylonier und war das Hauptgetreide bei den Römern. Emmer hat lange Grannen und zwei Körner in seinen Ährchen, daher der lateinische Name *Triticum dicoccum*. Das und noch viel mehr über die Herkunft und Geschichte des Emmers erzählt mir Andi Walz aus dem Amberger Land voller Leidenschaft.

Seltenes Korn Das Urgetreide ist seit der Neuzeit in Vergessenheit geraten und wird in Europa nur noch selten angebaut. Das ist schade, denn Emmer macht schlau, meint Andi Walz. Emmer hat einen hohen Mineralstoff- und Eiweißgehalt, deutlich mehr als normaler Weizen, und einen nussigen Geschmack. Man kann mehr aus den gesunden Körnern machen, als sie nur zu vermahlen und Brot daraus zu backen oder einen Frischkornbrei davon zuzubereiten. Meine Inspiration sagt mir, mach aus Brei (Konsistenz) und Korn (Eleganz) einen Emmer-Risotto (S. 77), der auch Cleopatra und Julius Caesar geschmeckt hätte.

» Cleopatra würde sagen, du wirst mein Hofkoch. «

Perfekte Symmetrie: Andi Walz zeigt mir die langen Grannen der Ähre.

Goldenes Getreidefeld

Ähre mit langen Grannen

KHORASAN

Den Bio-Bauern Andi Walz aus Amberg kenne ich ja schon. Mit genauso viel Leidenschaft wie über Emmer kann er mir auch alles über Khorasan erzählen. Bekannt ist Khorasan auch unter dem Namen Kamut®. Dieser alte Hartweizen unterscheidet sich von Emmer in der Größe des Korns (es ist größer) und der Farbe (die Ähre hat schwarze Grannen). Außerdem muss Khorasan nicht entspelzt werden: So wie man das Korn erntet, kann man es verwerten.

Herkunft ungeklärt Um die Heimat des Khorasans ranken sich viele Legenden: Kommt er nun aus Ägypten, oder hat er seinen Ursprung in Chorasan, einem historischen Gebiet in der gleichnamigen Nordostprovinz des Iran? Beim Andi wächst er jetzt jedenfalls auch, und dazwischen hat sich die Kamille angesiedelt. Das bringt mich auf eine Idee: Weil der Andi so gern Nudeln isst, mache ich aus dem Khorasan-Mehl Pasta. Und die Kamille nehme ich auch mit. In dem Sud koche ich die Nudeln (S. 127).

Das Müsli von Martin Erras duftet herrlich, und schmeckt auch so – und zwar zu jeder Tageszeit.

MÜSLI

Im Barnhouse in Mühldorf am Inn wird Getreide zu Müsli verarbeitet. Bevor ich in die Produktionshalle gelassen werde, muss ich mich erst mal verkleiden. Denn:

»Was ist das Wichtigste bei Lebensmitteln? Natürlich die Hygiene.«

Mit rotem Haarnetz, weißem Kittel und blauen Überziehschuhen betrete ich die Firma und lasse mir von Martin Eras, dem Geschäftsführer, die Produktions- und Backstraße für das »Krunchy Müsli« erklären. Das Getreide, das für die Herstellung verwendet wird – hauptsächlich Hafer und Dinkel –, wird von 90 Bio-Bauern angebaut, die im Umkreis von 80 km um den Standort zu finden sind. Das ist keine reine Lieferbeziehung, sondern eine echte Gemeinschaft, darauf legt Martin Eras Wert. 1979 wurde die Firma von zwei Bio-Pionieren gegründet. Ihre Motivation war es, biologische Lebensmittel herzustellen und dabei nachhaltig zu wirtschaften – und daran hat sich bis heute nichts geändert. Barnhouse hat sich Nachhaltigkeit auf die Fahne geschrieben, was bedeutet, ökologische, soziale und ökonomische Aspekte in Einklang zu bringen. Dieses Müsli ist mehr als ein Produkt, das man nur mit Milch aufgießt, finde ich: Bei mir verbindet es sich mit eisgekühltem Zitronenjoghurt und heißen Honigaprikosen zu einem tollen Dessert (S. 154).

»Aufgegabelt«

Kreuz und quer durch Bayern

Jedes Produkt und jede Zutat ist Inspiration für ein neues Gericht – so war es auch auf meiner Bayern-Reise für die 10. Staffel. Auf dieser Seite findet ihr eine Übersicht über alle Schätze, die ich in der Jubiläumsstaffel »aufgegabelt« habe, und welche Leckereien daraus in der Studioküche geworden sind.

FOLGE 1:

Pilze aus Gosseltshausen (Wolnzach): Lachs mit Pilzhaube auf Spinat und süß-saurem Pilzsud, S. 91

Grillkäse aus Dutendorf (Vestenbergsgreuth): Grillkäse mit gebratenen Paprika und Curry-Orangen, S. 72

FOLGE 2:

Weißer und grüner Spargel aus Linden (Schrobenhausen):
Wurstsalat mit gepickeltem weißen Spargel, S. 45
Grüner Spargel mit Himbeercouscous und Mandelcreme, S. 46

FOLGE 3:

Lamm aus Postmünster: Geröstete Tranchen von der Lammkeule mit Krautsalat, S. 144

Mini-Gurken aus Dinkelsbühl: Gegrillte Mini-Gurke mit geräuchertem Stör und Joghurt, S. 16

FOLGE 4:

Wildkräuter und Lindenblätter aus Dinkelsbühl:
Geflämmter Zander mit Apfel-Sauerampfer-Salat, S. 89
Quark-Pfeffer-Klößchen mit Meerrettichzwiebeln und Lindenblättern, S. 66

FOLGE 5:

Emmer und Khorasan aus Schäflohe (Amberg):
Heidschnucken-Medaillons mit Emmer-Risotto, S. 142
Selbst gemachte Trofie mit Paprikarahm und Salsiccia, S. 127

FOLGE 6:

Müsli aus Mühldorf am Inn: Fruchtgranola »Hot and Cold«, S. 154

Zuckerschoten aus Geisenhausen: Hühnerfrikassee nach Paul Bocuse 2.0, S. 112

FOLGE 7:

Mozzarella aus München: Mozzarella orientalisch mit Himbeerbuttermilch, S. 53

Perlhühner aus Rapperszell (Walting): Wiesen-Schnitzel vom Perlhuhn mit Sonnenblumenkern-Kartoffeln, S. 109

FOLGE 8:

Kopfsalat aus Dinkelsbühl: Knuspriger Kopfsalat-Salat mit Brot-Chips und Joghurtschaum, S. 36

Bullen aus Werneck: Flank-Steak mit Knoblauchbaguette und Kräuterbutter, S. 118

FOLGE 9:

Verjus aus Sulzfeld am Main: Geflämmter Lachs mit Verjus-Sabayon, S. 92

Microgreens aus Nöhag (Unterdietfurt): Kartoffeln mit Quark – neu interpretiert, S. 63

FOLGE 10:

Leberkäse aus Biburg (Alling): Gebackene Leberkäspralinen auf süß-sauren Zwiebeln, S. 135

Bete aus Hallbergmoos: Dreierlei Bete mit Mascarpone und Frisée, S. 12

REGISTER

A/B

Artischockengröstl mit Kartoffeln und Oliven 25
Bete, dreierlei, mit Mascarpone und Frisée 12
Bolognese: Vegetarische Gemüsebolognese mit Ras-el-Hanout-Nudeln 74
Bratwurst mit Meerrettichzwiebeln im Petersilien-Apfel-Sud 57
Bruschetta mit Ziegenfrischkäse, Birne und schwarzen Walnüssen 48
Butterbreze de luxe mit Brezen-Schwammerl-Salat 54

C

Caesar Salad auf bayerische Art 38
Couscous: Grüner Spargel mit Himbeercouscous und Mandelcreme 46
Crêpes: Espresso-Crêpes-Suzette mit Orangenfilets 158

E

Einkorn: Porridge de luxe mit dreierlei Toppings 152
Emmer-Risotto mit Tomaten und Balsamico-Orangen 77
Ente
Entenröllchen mit falschem Blaukraut 11
Gegrillte Melone mit geräucherter Entenbrust 18
Knusprige Entenbrust mit Mohn-Pfeffer-Butter 15
Lauwarm marinierte Entenbrust mit Granatapfel und Kakaobohnen 106
Espresso-Crêpes-Suzette mit Orangenfilets 158

F

Flank-Steak mit Knoblauchbaguette und Kräuterbutter 118
Forelle
Gebratenes Forellen-Sandwich mit Feldsalat 50
Geröstete Forelle mit Kräuterseitlingen und Salat 94
Fruchtgranola »Hot and Cold« 154
Frühlingsröllchen von der Heidelbeere mit Schoko-Kürbiskern-Creme 165

G

Gänsefleisch-Pflanzerl mit Steckrübenpüree 104
Garnelen-Kartoffel-Suppe mit Gewürzmilchschaum 30
Grillkäse mit gebratenen Paprika und Curryorangen 72
Gurke: Gegrillte Mini-Gurke mit geräuchertem Stör und Joghurt 16

H

Hähnchen
Gebratene Hendlkeulen mit Chinakohl und Gewürzbutter 110
Hühnerfrikassee nach Paul Bocuse 2.0 112
Hirschgeschnetzeltes mit Kürbiskern-Spaghetti 140

K

Kabeljau Stroganoff mit Rote-Bete-Ragout und Meerrettich 98
Kalbsbries: Papaya-Erdnuss-Salat mit gebratenem Kalbsbries 42
Karpfenfilet im Tempurateig mit Sellerie-Sesam-Salat 97
Kartoffeln
Kartoffelgulasch mit Kurkuma und Ingwer 82
Kartoffeln mit Quark – neu interpretiert 63
Kartoffelsalat-Acker mit Radieschen und Pumpernickel 41
Knödel: Kürbiskern-Brezenknödel mit Birnen und Feldsalat 68
Königsberger Bratwurstklopse mit Brotschmelze und Majoran 124
Kopfsalat-Salat, knuspriger, mit Brot-Chips und Joghurtschaum 36
Krapfen, herzhafte, mit Hüttenkäse, Tomaten und Rosmarin 21
Kürbis: Gerösteter Ofenkürbis mit Chicorée-Orangen-Salat 71
Kürbiskern-Brezenknödel mit Birnen und Feldsalat 68

L

Lachs
Gebackene Wachteleier mit Orangen und Lachs 22
Geflämmter Lachs mit Verjus-Sabayon 92
Lachs mit Pilzhaube auf Spinat und süßsaurem Pilzsud 90
Lamm
Geröstete Tranchen von der Lammkeule mit Krautsalat 144
Heidschnucken-Medaillons mit Emmer-Risotto 142
Lammspieße mit Pilzen auf Mandel-Brot-Creme 147

Leberkäspralinen, gebackene, auf süß-sauren Zwiebeln 135

M

Macadamianüsse, karamellisierte, mit Pfeffer und Kaffeebohnen 157
Melone, gegrillte, mit geräucherter Entenbrust 18
Mozzarella orientalisch mit Himbeerbuttermilch 53

N

Nudeln
Schinkennudeln de luxe mit Panko-Brösel-Butter 132
Selbst gemachte Trofie mit Paprikarahm und Salsiccia 127
Wiesenkräuter-Teigtaschen mit Muskat-Milchschaum 64

P

Pancakes: Topfen-Pancakes mit Erdbeeren und Traubenkern-Vanille-Öl 160
Papaya-Erdnuss-Salat mit gebratenem Kalbsbries 42
Perlhuhn: Wiesen-Schnitzel vom Perlhuhn mit Sonnenblumenkern-Kartoffeln 109
Pilze
Geröstete Forelle mit Kräuterseitlingen und Salat 94
Pilz-Nuss-Schnitzel mit Feldsalat und Sauerrahm 81
Porridge de luxe mit dreierlei Toppings 152

Q

Quark-Pfeffer-Klößchen mit Meerrettichzwiebeln und Lindenblättern 66
Quitteneis mit Quittenkompott 166

R

Rehrücken in Kaffee-Gewürzmilch pochiert 138
Rind
Flank-Steak mit Knoblauchbaguette und Kräuterbutter 118
Steak and Fries mit Sesam-Mayonnaise und Salat 122
Tatar vom Rinderfilet mit Whiskey mariniert 26
Texas Longhorn Burger mit selbst gebackenen Buns 120
Risotto
Emmer-Risotto mit Tomaten und Balsamico-Orangen 77
Portwein-Risotto mit Pfefferbirnen, Walnuss und Crunchy Stilton 78

S

Sauerkraut, gebranntes, mit Bauchspeck und Orangenmeerrettich 131
Schinkennudeln de luxe mit Panko-Brösel-Butter 132
Schwein
Lauwarmes Carpaccio vom Schwein mit Honigmarinade 29
Schweinefilet im Schinkenmantel 128
Spargel
Grüner Spargel mit Himbeercouscous und Mandelcreme 46
Wurstsalat mit gepickeltem weißen Spargel 45
Steak and Fries mit Sesam-Mayonnaise und Salat 122
Stilton: Portwein-Risotto mit Pfefferbirnen, Walnuss und Crunchy Stilton 78
Stör: Gegrillte Mini-Gurke mit geräuchertem Stör und Joghurt 16

T

Tassen-Soufflés aus Nuss-Nougat-Creme 169
Tatar vom Rinderfilet mit Whiskey mariniert 26
Texas Longhorn Burger mit selbst gebackenen Buns 120
Tiramisu: Fränkisches Winzer-Tiramisu mit Topfen und Trauben 162
Topfen-Pancakes mit Erdbeeren und Traubenkern-Vanille-Öl 160

V

Vegetarische Gemüsebolognese mit Ras-el-Hanout-Nudeln 74
Verjus: Geflämmter Lachs mit Verjus-Sabayon 92

W/Z

Wachteleier, gebackene, mit Orangen und Lachs 22
Wildschwein-Pflanzerl mit Brombeeren und Salatherzen 136
Wurstsalat mit gepickeltem weißen Spargel 45
Zander, geflämmter, mit Apfel-Sauerampfer-Salat 89

In Zusammenarbeit mit dem BR Fernsehen und in Lizenz der BRmedia Service GmbH

Rezepte & Texte Alexander Herrmann
Mitarbeit Rezepte Sebastian Metzdorf
Mitarbeit Texte Edelgard Prinz-Korte
Foodfotografie Sandra Eckhardt
Foodstyling & Handmodell Gerlinde Hans
Porträtfoto A. Herrmann (Cover) Bodo Mertoglu
Peoplefotos (Innenteil) © Frank Johne
(genauer: siehe Bildnachweis)

Lektorat Kathrin Gritschneder
Satz, Realisation Silke Klemt

Für den DK Verlag:

Verlagsleitung Monika Schlitzer
Programmleitung Heike Faßbender
Projektbetreuung Alexandra Gudzent, Carmen Brand
Herstellungsleitung Dorothee Whittaker
Herstellungskoordination Claudia Rode
Herstellung Christine Rühmer
Umschlaggestaltung & Layoutentwicklung Franziska Creutzburg

ISBN 978-3-8310-4929-5

Repro Regg Media GmbH, München
Druck und Bindung TBB, a. s., Slowakei

www.dk-verlag.de

Hinweis
Die Informationen und Ratschläge in diesem Buch sind vom Autor und vom Verlag sorgfältig erwogen und geprüft, dennoch kann eine Garantie nicht übernommen werden.
Eine Haftung des Autors bzw. des Verlags und seiner Beauftragten für Personen-, Sach- und Vermögensschäden ist ausgeschlossen.

Bildnachweis
Der Verlag dankt folgenden Personen und Organisationen für die freundliche Genehmigung zum Abdrucken von Fotos und Illustrationen:

(o: oben, u: unten, m: Mitte; g: ganz; l: links, r: rechts)

Alle Fotos **Sandra Eckhardt**, außer:

Umschlag
Vorne: **Bodo Mertoglu** (Alexander Herrmann), **Dreamstime.com:** Tycoon751 (ml: grasende Kuh).
Vorne und hinten: **Shutterstock.com:** photonova (Wolkenstruktur).

Innenseiten
Fotos:
4 **Getty Images / iStock:** Raul Arellano (gom: Schafe); Iurii Bukhta (om: Microgreens); deepblue4youjuefraphoto (um: Pilze); juefraphoto (gul: Spargel); aloha_17 (gur: Salat). **Frank Johne:** restliche Fotos. 33 **123RF.com:** sdesign24 (mo). **Dreamstime.com:** Irina Kryvasheina (or); Pzaxe (mro); Nadia Nice (mr). **Frank Johne** (u). 58 **Getty Images / iStock:** Iurii Bukhta (u). 59 **Getty Images / iStock:** aloha_17 (or). **Frank Johne** (ur). 84 **Dreamstime.com:** Barmalini (mru); Chernetskaya (ur). **Getty Images / iStock:** juefraphoto (ul). 85 **Frank Johne** (o). 100 **Getty Images / iStock:** deepblue4you (u). 101 **Dreamstime.com:** Julialototskaya (gol). **Getty Images / iStock:** aloha_17 (mlo). **Frank Johne** (ro). 114 **Frank Johne** (gul). **Dreamstime.com:** Alexpro9500 (ur); Katrinshine (mu). 115 **Frank Johne** (ol). 148 **Frank Johne** (ul). **Getty Images / iStock:** imv (ur); mtreasure (mru). 149 **Getty Images / iStock:** Raul Arellano (ol). 170 **Frank Johne** (ul). **Getty Images / iStock:** Maciej Duczynski (mru); Oleg Elkov (ur). 171 **Dreamstime.com:** Petr Goskov (gor).

Illustrationen und Hintergründe:
Wolkenstruktur (S. 32, 33, 58, 59, 84, 85, 100, 101, 114, 115, 148, 149, 170, 171, 172, 173): **Shutterstock.com:** photonova.
Papierstruktur (S. 9, 35, 61, 87, 103, 117, 151): **Shutterstock.com:** Daboost.
Gabel (Rezepttipps): **Getty Images / iStock:** sekerlili.
Stecknadeln (S. 172): **Dreamstime.com:** Microvone,
Bayernkarte (S. 172): **Dreamstime.com:** Lus Costa.